APPRENDRE À coudre ses vêtements et accessoires

avec atelier* Charlotte Auzou

Photographies : Charlotte Legendre Brunet

MANGO

SOMMAIRE

INTRODUCTION

Bienvenue et félicitations d'avoir décidé de vous lancer dans la couture !
Attention, la couture est un monde hautement addictif. On vous aura prévenue...

Cet ouvrage est composé de deux parties. Dans la première, vous apprendrez les principales techniques de couture sollicitées lors de la confection de vêtements. Les nombreuses photographies en pas à pas permettent de bien comprendre l'enchaînement des étapes. Vous y trouverez toutes les réponses à vos questions et pourrez ainsi débuter la couture en toute confiance.
Pour certaines techniques, des QR Codes renvoient vers des vidéos explicitant les différents assemblages. Pour les visionner, téléchargez gratuitement l'application appropriée sur votre smartphone ou votre tablette et flashez-les !
Le meilleur moyen pour bien maîtriser les techniques est de se lancer !
Pour vous exercer, utilisez des chutes de tissu ou des toiles auxquelles vous n'êtes pas trop attachée. Il serait dommage de vous exercer sur un tissu qui vous tient particulièrement à cœur, au risque de l'abîmer !

La deuxième partie du livre vous permettra de coudre douze modèles, vos premiers projets de couture. Présentés par ordre de difficulté, ils utilisent les techniques développées dans la première partie. Débuter la couture par l'un des premiers modèles est un bon moyen pour s'entraîner à chaque technique, tout en s'amusant sur un projet complet.

Tous les vêtements et accessoires présentés sont des incontournables de la garde-robe féminine. Une fois le modèle réalisé, n'hésitez pas à apporter votre touche personnelle en les customisant. Au terme des explications, vous trouverez des astuces pour faire évoluer chaque modèle selon la saison, vos goûts et vos envies.

De nombreux projets nécessitent le report de patrons de couture, que vous trouverez sur la feuille de patron située en fin d'ouvrage.

N'ayez pas peur de vous tromper, car ce sont bien les erreurs qui vous feront progresser.
L'essentiel est d'avoir toujours un découd-vite sous la main !
Un seul conseil, laissez libre cours à votre imagination et amusez-vous !

Charlotte

La leçon de couture

14
2
1
3
4
5
13
6

7
13
STAEDTLER
Mars 567 31-45F
plexiglas®
MADE IN GERMANY
8
SEWING GAUGE
11
10
12
9

LE MATÉRIEL

Pour commencer la couture, il vous faudra réunir quelques accessoires disponibles dans toutes les merceries. Vous trouverez page 80 une liste de boutiques et sites Internet où faire votre shopping pour bien vous équiper.

1 Paire de ciseaux spéciale tissu / papier

Investissez dans de bons ciseaux pour le tissu et utilisez une autre paire pour couper le papier.

2 Bobines, canettes

Un fil de bonne qualité vous assurera une belle couture, mais ne vous ruinez pas pour autant ! Les canettes sont généralement fournies avec votre machine à coudre.

3 Épingle à nourrice

Ce type d'épingle est très utilisé pour glisser un élastique ou un cordon dans une coulisse.

4 Aiguille à coudre à la main

Vous trouverez très peu de coutures réalisées à la main dans cet ouvrage mais ces aiguilles seront toujours utiles pour coudre un bouton, bâtir ou fermer une ouverture à points glissés.

5 Aiguilles pour machine à coudre

Il en existe de plusieurs types et de plusieurs tailles, à choisir en fonction de votre tissu (voir page 15).

6 Épingles

Des épingles à tête ronde et colorée seront plus visibles et plus faciles à utiliser que les autres.

7 Craie

Une craie pour textile vous permettra de reporter les indications du patron sur le tissu, telles que les pinces ou les repères.

8 Mesure-ourlet

Ce petit gadget très utile évite de sortir une grande règle pour mesurer seulement quelques centimètres.

9 Passepoil / biais

Disponibles dans toutes les merceries, les passepoils et biais sont souvent utilisés pour offrir de jolies finitions à une création. Lorsque vous serez devenue une pro de la couture, apprenez à les fabriquer !

10 Découd-vite

Généralement fourni avec votre machine, le découd-vite vous permettra d'ouvrir les boutonnières, de retirer les fils de fronces, mais aussi de découdre les erreurs !

11 Mètre-ruban

Portez-le autour du cou, comme les couturières professionnelles !

12 Entoilage

L'entoilage est un tissu thermocollant qui vous servira à rigidifier certaines pièces comme une ceinture, une parementure ou un col.

13 Règle / équerre

Une grande règle et une grande équerre seront très utiles pour tracer les patrons de formats carrés ou rectangulaires, directement sur le tissu.

14 Rouleau de papier

Ce type de rouleau sert à recopier les patrons et se trouve facilement dans les merceries ou magasins consacrés aux loisirs créatifs. Choisissez un papier fin afin qu'il soit assez transparent.

Fer à repasser

Coudre, c'est aussi repasser ! Ayez toujours à votre disposition un bon fer vous permettant de soigner les finitions.

LEXIQUE

Assembler
Maintenir deux pièces de tissu ensemble par des épingles, un fil de bâti ou une couture.

Biais
Bande de tissu coupée dans le biais, à savoir la diagonale du tissage d'un tissu.

Coulisse
Pliage de tissu cousu permettant d'y glisser un cordon, une cordelette ou un élastique.

Cranter
Réaliser de petites entailles dans une marge de couture en courbe, à l'aide d'une paire de ciseaux.

Droit-fil
Sens de tissage du tissu représentée par une flèche sur le patron. Le droit-fil est toujours parallèle à la lisière d'un tissu (voir page 13).

Embu
Excédent de tissu situé sur une manche afin de lui donner une forme arrondie une fois assemblée avec l'emmanchure d'un vêtement. Résorber l'embu consiste à froncer la tête de manche pour pouvoir l'assembler à l'emmanchure sans créer de plis.

Emmanchure
Ouverture d'un vêtement à l'emplacement des manches.

Encolure
Ouverture d'un vêtement à l'emplacement du cou.

Endroit / envers
L'endroit du tissu est la partie extérieure, celle qui sera visible une fois votre modèle terminé. L'envers correspond à la partie intérieure qui ne sera donc pas visible.

Fronces
Technique qui vise à réduire une partie de tissu, en formant de petits plis.

Lisière du tissu
Bord du tissu dans le sens du tissage.

Marge de couture
Distance entre le bord de la pièce et la couture. Les marges de couture sont généralement de 1 cm. Elles peuvent être incluses ou non dans un patron.

Métrage
Longueur de tissu utilisée pour réaliser un projet de couture.

Ouvrir une couture
Séparer les marges de coutures et les aplatir à l'aide d'un fer à repasser.

Passepoil
Ruban de tissu dans lequel est inséré une cordelette. Le passepoil permet d'ajouter une touche décorative à des vêtements ou accessoires.

Parementure
Pièce de tissu utilisée pour finir l'encolure ou l'emmanchure d'un vêtement de manière invisible.

Pinces
Plis en forme de triangles qui permettent d'ajuster un vêtement à la forme du corps. Elles sont généralement cousues au niveau de la poitrine et de la taille.

Surfiler
Coudre un point zigzag au bord d'une pièce de tissu afin d'éviter qu'il ne s'effiloche.

Surpiquer
Effectuer un point droit sur l'endroit du tissu le long d'une couture afin de bien plaquer une pièce de tissu vers l'intérieur du vêtement.

CHOISIR SA MACHINE À COUDRE

Acheter sa première machine à coudre peut être assez compliqué, tant l'offre est riche et les prix variés. Voici quelques conseils pour vous guider dans l'achat de votre machine.

Mécanique ou électronique ?

Deux types de machine existent sur le marché : les mécaniques et les électroniques. À la différence des machines mécaniques, les électroniques disposent d'un petit ordinateur de bord qui rend leur utilisation plus simple. Elles sont donc très pratiques, mais financièrement moins abordables.

Aide à l'enfilage du fil

Soyez attentive à la technique d'enfilage du fil. Si vous ne voulez pas vous arracher les cheveux en tentant de faire passer le fil dans le chas de l'aiguille, optez pour une machine avec un système d'aide à l'enfilage.

Réglage de la vitesse maximale

Les machines électroniques possèdent un curseur de vitesse. Lorsque vous appuyez le pied sur la pédale, la machine piquera doucement si vous avez préalablement réglé le curseur sur position lente. Cette fonction est très utile pour prendre confiance mais se révèle aussi d'une grande aide pour réaliser des coutures de précision.

Boutonnières

Les machines mécaniques proposent une boutonnière en quatre temps alors qu'elles sont automatiques sur les machines électroniques. C'est une fonction très utile quand on veut se lancer dans la confection d'une chemise avec sa dizaine de boutonnières !

Pieds-de-biche

Vous aurez besoin d'acheter de nouveaux pieds-de-biche pour exploiter au maximum les fonctionnalités de votre machine. Vous trouverez plus facilement du choix parmi les grandes marques de machines à coudre.

Bras libre

Le bras libre permet de coudre des ourlets en glissant votre ouvrage autour de la machine. Veillez à ce qu'il ne soit pas trop grand.

Poids

Réfléchissez à votre espace de travail. Si vous devez déballer et ranger vos affaires à chaque session couture, optez pour une machine légère. Au contraire, une machine lourde sera plus stable, notamment si vous cousez à une vitesse élevée.

Prix

Vous trouverez des machines pour tous les budgets. Réfléchissez à votre utilisation et à vos moyens et choisissez selon ces critères.

Enfin, sachez que vous allez progressez très vite en couture. Alors, pensez à faire un achat pratique sur le long terme !

Conservez précieusement le mode d'emploi de votre machine, car il pourra vous servir régulièrement.

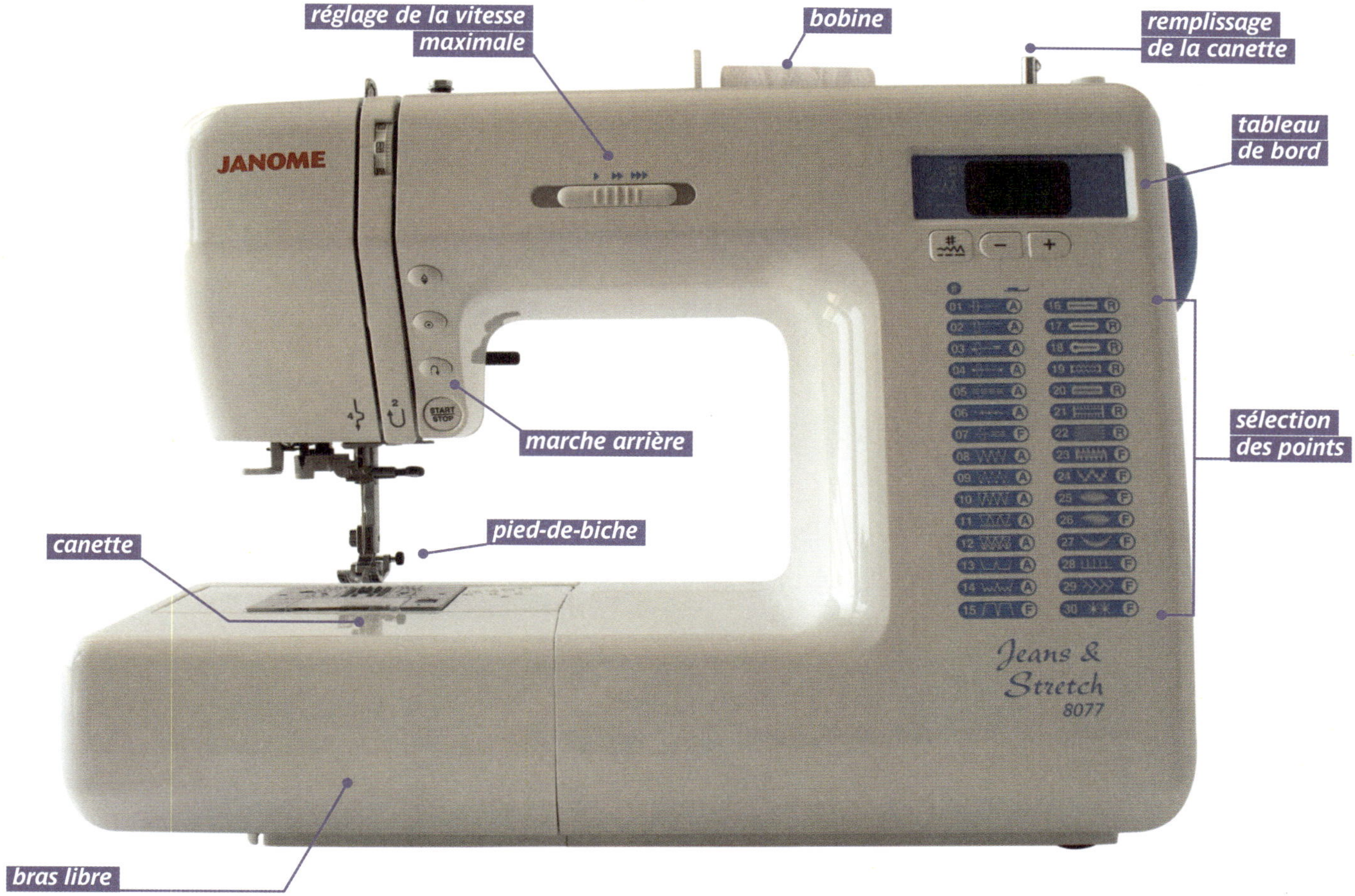

AVANT DE COMMENCER À COUDRE

Les patrons de couture

Pour chaque ouvrage, vous trouverez plusieurs pièces de patron à décalquer et à reporter sur le tissu.
Les patrons sont disponibles en quatre tailles (S, M, L, XL) pour les vêtements et en taille unique pour les accessoires.
Certains patrons sont des demi-patrons, il vous faudra donc les couper avec le tissu plié et aligner un des bords du patron sur le pli.
L'emplacement du pli est toujours indiqué sur les pièces des patrons concernés.

Choisir sa taille

Le tableau ci-dessous détaille les mensurations pour chaque taille. Si vous vous situez entre deux tailles, choisissez la plus grande. Il vous sera alors plus facile d'ajuster la taille une fois le vêtement cousu, notamment en l'essayant.

	POITRINE	TAILLE	HANCHES	TRACÉ
S	84	66	90	....
M	88	70	94	. — . — .
L	92	74	98	—— ——
XL	96	78	102	————

Recopier un patron

Décalquez toutes les pièces du patron sur du papier fin et transparent. Reportez toutes les indications que vous trouverez sur chaque pièce du patron : le nom de la pièce, le pli du tissu, les crans de montage des manches, les pinces, le droit-fil…

Les marges de couture

Les patrons de cet ouvrage sont présentés **sans marges de couture**. Il vous faudra ajouter 1 cm de marge pour les coutures (sauf sur les côtés qui doivent être positionnés sur le pli du tissu) et 3 cm au niveau de l'ourlet. Vous trouverez dans les explications des modèles un tableau récapitulant les différentes marges de coutures à ajouter.

Choisir son tissu

Il existe une très grande variété de tissus. Certains sont plus adaptés aux débutantes que d'autres.
Les créations de ce livre sont réalisées dans des tissus qui vous permettront d'apprendre en vous amusant.
Pour chaque projet de cet ouvrage, vous trouverez le type de tissu utilisé et les références en page 80.

La largeur du tissu

Pour chaque projet, vous trouverez le métrage conseillé. Il correspond à la longueur du tissu. Chaque modèle est prévu pour une largeur de tissu de 1 m 40. Si vous choisissez un tissu avec une largeur inférieure ou supérieure, veillez à bien adapter le métrage en conséquence en vous aidant du plan de coupe du projet.

Respecter le droit fil ou le biais

Vous trouverez sur les patrons l'indication du droit-fil, représenté par une flèche. Le droit-fil correspond au sens de tissage du tissu. Il est parallèle à la lisière de votre tissu.
Par opposition au droit-fil, le biais est la diagonale du tissage. Le tissu est généralement plus élastique dans le biais.
Veillez à bien respecter le droit-fil lors de la coupe de votre tissu afin de ne pas modifier le tombé de votre vêtement.

COUPER LE TISSU

La plupart des patrons proposés dans ce livre sont des demi-patrons, il vous faudra ainsi plier votre tissu en deux pour le couper. Pour optimiser l'utilisation de votre tissu lors de la coupe, suivez l'une des deux techniques suivantes.

LES PLANS DE COUPE

Chaque projet comprend un plan de coupe qui vous indique comment plier votre tissu et comment positionner chaque pièce du patron sur le tissu.
Pour couper le tissu, positionnez chaque pièce du patron selon le plan de coupe et épinglez-les aux deux épaisseurs de tissu.
Si vous avez ajouté les marges de couture sur le patron, coupez en suivant ses bords. Faites attention lors des coupes en courbe et gardez bien les deux épaisseurs de tissu correctement positionnées sous le patron lorsque vous coupez.

1

Pliage en deux : les deux lisières sont bord à bord et le tissu est plié en double épaisseur, l'endroit du tissu à l'intérieur.

2

Pliage en portefeuille : les deux lisières se rencontrent au milieu du tissu, l'endroit du tissu à l'intérieur.

ÉPINGLER

Avant de coudre à la machine, épinglez toujours les pièces de tissu que vous souhaitez assembler. Positionnez les deux tissus bord à bord. Épinglez tous les 5 cm environ pour une couture droite et tous les 1-2 cm pour les coutures en courbe. Positionnez les épingles perpendiculairement au bord du tissu, en veillant que les têtes des épingles soient situées près du bord du tissu afin de pouvoir les enlever plus facilement lors de la couture.

COUDRE À LA MACHINE

1

Positionnez votre tissu sous le pied-de-biche et abaissez-le. L'aiguille de la machine doit être située à 1 cm du bord du tissu afin de respecter la marge de couture ajoutée à votre patron. Le fil de la bobine passe dans le pied-de-biche et est positionné vers l'arrière avec le fil de la canette.

2

Commencez à coudre 3-4 points en marche arrière (point arrière) qui sécuriseront et renforceront votre couture.

3

Piquez au point droit, en marche avant. Pour coudre droit, ne regardez pas l'aiguille, mais donnez-vous un repère sur le pied-de-biche ou sur la plaque de la machine et alignez-le avec le bord de votre tissu afin de respecter la marge de couture. Ne poussez pas ou ne tirez pas le tissu vers l'arrière, car celui-ci est entraîné automatiquement par les griffes de la machine. Vous devez seulement l'orienter à gauche ou bien à droite.

4

Terminez par 4-5 points en marche arrière pour sécuriser votre couture. Chaque couture doit en effet commencer et se terminer par quelques points arrière afin de renforcer la couture.
Coupez les fils au ras de la couture. De manière générale, coupez-les régulièrement à chaque étape de votre projet.

CHOISIR LA TAILLE ET LE TYPE D'AIGUILLE

Pour de belles coutures, vous devez choisir une aiguille adaptée à votre tissu. Il existe plusieurs tailles d'aiguilles allant de 60 à 120. L'aiguille 60 est utile pour coudre des tissus très fins, tandis que l'aiguille 120 sert principalement à coudre des tissus épais ou des ouvrages présentant de nombreuses épaisseurs. Pour choisir l'aiguille adaptée à votre tissu, réalisez des tests sur des chutes de tissu avant de commencer à réaliser votre projet. Vous trouverez également en mercerie des aiguilles spécifiques si vous souhaitez coudre du jersey ou du cuir.

LES FINITIONS INTÉRIEURES

Un joli vêtement passe aussi par de belles finitions sur l'envers. Voici quelques techniques et astuces pour coudre une création aussi belle à l'intérieur qu'à l'extérieur !

Réaliser des coutures anglaises

Une option pour les finitions intérieures de votre vêtement est d'utiliser les coutures anglaises. Elles sont particulièrement adaptées aux coutures droites et aux tissus légers. En anglais, on les appelle les *french seams*.

1

Positionnez les deux tissus bord à bord, envers contre envers. Piquez au point droit, à 0,5 cm du bord.

2

Coupez les marges à 0,2 cm de la couture.

3

À l'aide d'un fer à repasser, positionnez les tissus endroit contre endroit, en formant un pli sur la couture.

4

Piquez au point droit, à 0,5 cm du bord et repassez.

LANCEZ-VOUS !

Entraînez-vous à cette technique en réalisant les projets suivants :

- Le débardeur, page 36
- La jupe froncée, page 52

Voir vidéo

Surfiler

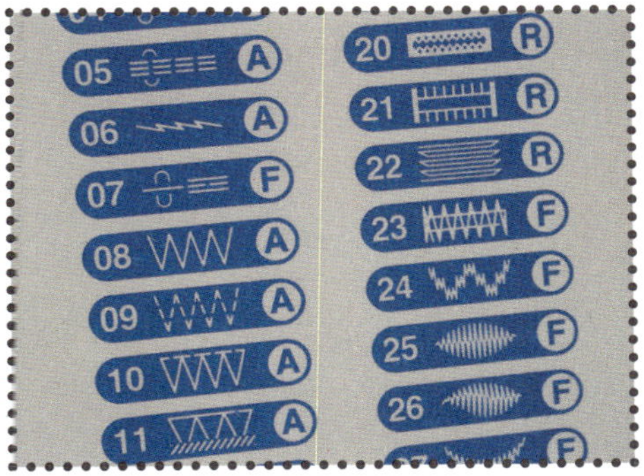

Pour éviter que votre tissu ne s'effiloche, surfilez toujours les bords en utilisant le point zigzag de votre machine à coudre (point 8 sur la photographie).

REPASSER

1

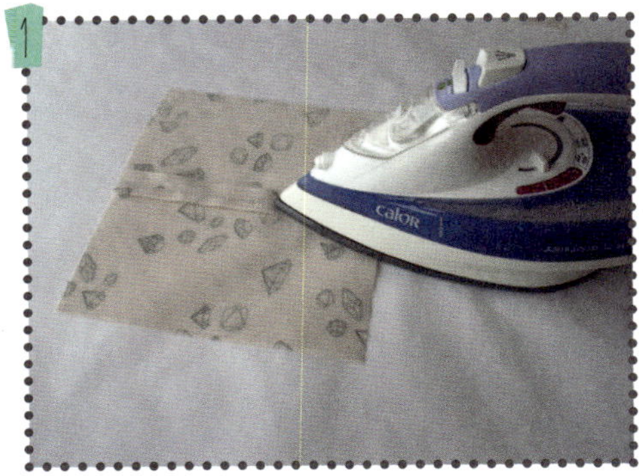

Sur l'envers, écartez les marges de couture de part et d'autre de la couture et repassez afin de l'aplatir.

2

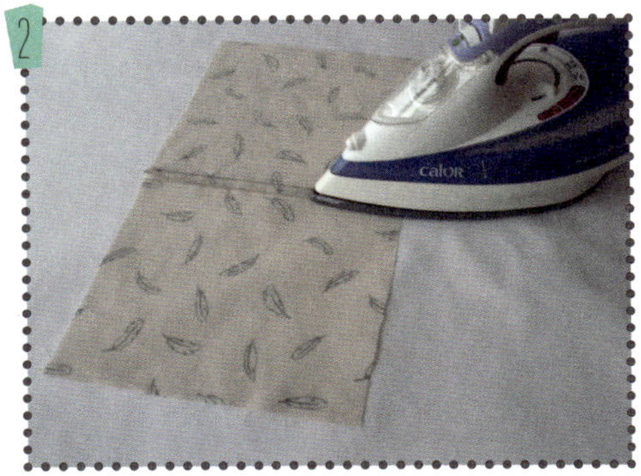

Dans le cas de deux bords surfilés ensemble ou dans le cas d'une couture anglaise, couchez les marges de couture sur l'un des côtés.

Repasser à chaque étape de fabrication de votre vêtement vous permettra d'obtenir une belle création avec des finitions professionnelles.

FAIRE UN OURLET

Technique très employée lors de la confection de vêtements, l'ourlet vous permettra d'offrir une jolie finition au bas d'un débardeur, d'une jupe, d'une manche...

LANCEZ-VOUS !

Réalisez votre premier ourlet en cousant le foulard, page 34.

1

Sur l'envers du tissu et à l'aide d'un mesure-ourlet, marquez un pli au fer à 3 cm du bord du tissu.

2

Ouvrez le pli et faites correspondre le bord du tissu avec le pli. Repliez vers l'intérieur.

3

Épinglez tous les 5 cm. Positionnez les épingles parallèlement au bord du tissu.

4

Piquez au point droit, à environ 1,3 cm du bord, sur l'envers. Sécurisez les coutures du début et de la fin par quelques points en marche arrière. Pensez à commencer votre couture sur l'un des côtés de votre ouvrage et non au milieu du devant ou du dos.

COUDRE UNE PAREMENTURE

La parementure permet de finir des encolures
ou des emmanchures, tout en restant invisible sur l'endroit.

LANCEZ-VOUS !

Entraînez-vous à cette technique en réalisant les projets suivants :

- La robe ceinturée, page 48
- Le mini short, page 56
- Le perfecto, page 68
- La blouse, page 72

1

Entoilez la parementure sur l'envers avec de l'entoilage thermocollant pour lui donner plus de tenue.

2

Assemblez la parementure avec le vêtement, endroit contre endroit. Épinglez et piquez au point droit.

3

Côté parementure sur l'endroit, surpiquez à 0,2 cm de la première couture. Les marges de couture sont ainsi prises dans cette surpiqûre qui sert à bien plaquer la parementure vers l'intérieur du vêtement.

4

Crantez dans les courbes en coupant régulièrement des petits triangles sur les marges de couture.

5

Rabattez la parementure vers l'intérieur du vêtement et repassez.

POSER UN BIAIS

Le biais est un ruban coupé dans le biais du tissu (sa diagonale), ce qui lui donne de l'élasticité. Il sert notamment aux finitions des coutures en courbe comme les encolures ou les emmanchures. Vous pouvez en acheter dans les merceries ou choisir de le fabriquer vous-même à partir de votre tissu.

Visible

LANCEZ-VOUS !

Entraînez-vous à cette technique en réalisant le débardeur, page 36.

Voir vidéo

1

Ouvrez le biais.

2

Positionnez le bord du tissu au milieu du biais.

3

Refermez le biais sur l'endroit du tissu et épinglez.

4

Piquez au point droit, sur l'endroit à 0,8 cm du bord.

Invisible

1 Ouvrez le biais et épinglez-le sur l'endroit du tissu, bord à bord.

2 Piquez au point droit, au milieu du biais à 1 cm du bord. Coupez les marges de couture (biais et tissu) à 2 mm de la couture.

3 Repliez le biais vers l'envers du tissu en marquant un pli sur la couture.

4 Piquez au point droit, sur l'envers à 0,8 cm du bord. Cette couture doit être régulière car elle sera visible sur l'endroit du vêtement.

LANCEZ-VOUS !

Entraînez-vous à cette technique en réalisant
- Le débardeur, page 36
- La jupe portefeuille, page 40
- La robe cintrée page 76

COUDRE UN PASSEPOIL

Le passepoil est un ruban de tissu dans lequel est cousue une cordelette. Il permet d'apporter de jolis détails à vos réalisations, notamment si vous choisissez un passepoil d'une couleur ou d'un motif contrastant. Comme pour le biais, vous pouvez en acheter dans les merceries ou le fabriquer vous-même à partir de votre tissu.

1

Sur l'endroit du tissu, alignez le passepoil bord à bord et épinglez. Veillez à placer le côté du passepoil avec la cordelette vers l'intérieur du tissu.

2

Piquez au point droit, au plus près de la cordelette à l'aide d'un pied-de-biche spécial passepoil.

LANCEZ-VOUS !

Entraînez-vous à cette technique en réalisant la blouse, page 72.

3

Assemblez les deux tissus, endroit contre endroit et piquez à nouveau sur la première couture. Veillez à coudre au plus près de la cordelette, au risque de voir apparaître la première couture sur l'endroit.

4

Surpiquez sur l'endroit au plus près du passepoil, en prenant dans la couture les marges de couture du dessous.

COUDRE DES FRONCES

Froncer un tissu permet de diminuer sa largeur en formant des plis, afin de le faire correspondre avec un tissu moins large.

LANCEZ-VOUS !

Entraînez-vous à cette technique en réalisant la jupe froncée, page 52 et la robe cintrée, page 76.

Voir vidéo

1

Sur l'endroit du tissu, piquez au point droit deux fils de fronces parallèles au bord du tissu. Le premier fil de fronces se situe à 0,7 cm du bord, le deuxième à 1,2 cm du bord. Pour cela, utilisez le point droit de votre machine puis réglez la longueur du point au maximum et la tension du fil au minimum.

2

Utilisez une couleur de fil contrastante. Ne réalisez pas de marche arrière au début ni à la fin de votre couture et laissez une grande quantité de fil. Nouez les fils de fronces ensemble de chaque côté.

3

Faites froncer le tissu avec vos doigts en tenant au bout les deux fils de fronces du côté endroit dans une main et en faisant glisser le tissu avec l'autre main.

4

Lorsque le tissu froncé atteint la même largeur que votre deuxième pièce de tissu et que les fronces sont réparties équitablement, épinglez les deux pièces de tissu bord à bord, endroit contre endroit.

5

Réglez la longueur du point et la tension du fil en position normale. Sur l'envers, piquez entre les deux fils de fronces, à 1 cm du bord. Changez la couleur de fil de votre machine.

6

Retirez les fils de fronces à l'aide d'un découd-vite.

COUDRE UNE FERMETURE À GLISSIÈRE

Visible

LANCEZ-VOUS !

Entraînez-vous à cette technique en réalisant le perfecto, page 68.

1

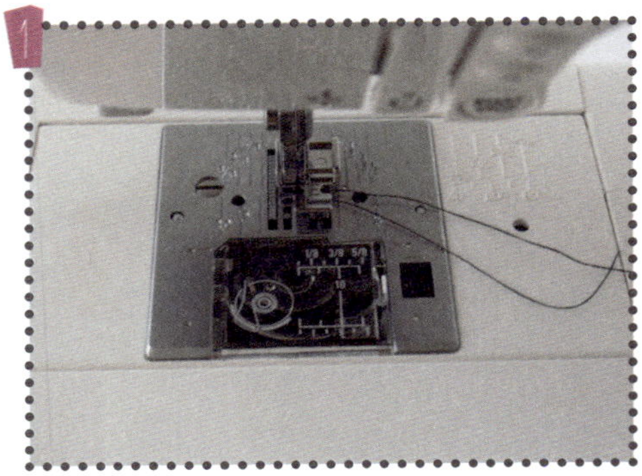

Changez le pied-de-biche de votre machine et utilisez un pied spécial fermeture à glissière.

2

Positionnez un côté de la fermeture à glissière sur le tissu, endroit contre endroit et bord à bord. Épinglez.

3

Piquez au point droit, à 0,5 cm du bord sur toute la longueur.

4

Sur l'endroit du tissu, surpiquez à 0,5 cm de la première couture.

5

Pendant la couture, ouvrez et refermez la fermeture à glissière afin de ne pas être gênée par le curseur. Pour cela, avec l'aiguille en position basse (plantée dans le tissu), levez le pied-de-biche et faites passer le curseur.

6

Reproduisez les mêmes étapes sur le deuxième côté de la fermeture à glissière.

Voir vidéo

LANCEZ-VOUS !

Entraînez-vous à cette technique en réalisant la robe cintrée, page 76.

Invisible

1

Pour cette technique, vous devez disposer de deux pieds-de-biche spécifiques : un pied pour fermeture à glissière invisible et un pied pour passepoil ajustable. Renseignez-vous auprès de votre vendeur de machine à coudre afin d'obtenir les pieds les plus adaptés à votre modèle.

2

Positionnez un côté de la fermeture à glissière sur le tissu, endroit contre endroit et bord à bord. Ouvrez la fermeture à glissière. Épinglez.

3

À l'aide du pied-de-biche spécial fermeture invisible, piquez au point droit, au plus près des dents, tout doucement, en ouvrant la fermeture avec le doigt petit à petit.

4

Reproduisez les mêmes étapes sur le deuxième côté. Avant de coudre, refermez la fermeture afin de vérifier qu'elle sera positionnée dans le bon sens.

5

Avec le pied pour passepoil ajustable, piquez au-dessus et au-dessous de la fermeture. C'est une couture délicate, à réaliser avec minutie. Il faut coudre au plus près des extrémités de la fermeture sans la prendre dans la couture.

6

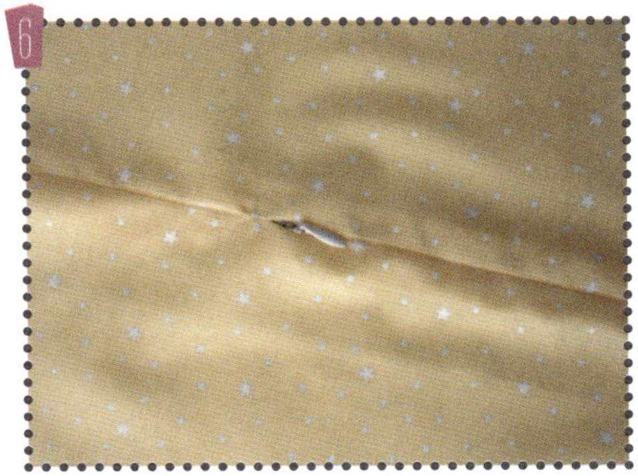

Ouvrez les coutures au fer, mais ne passez pas le fer directement sur la fermeture afin de ne pas la faire fondre.

CONFECTIONNER DES PINCES

Les pinces servent à ajuster un vêtement au plus près du corps.
On les trouve généralement au niveau de la poitrine et de la taille.

Reporter des pinces, du patron sur le tissu

1

Les pinces sont généralement symétriques sur un vêtement. Positionnez les deux épaisseurs du tissu endroit contre endroit et épinglez le patron des pinces sur le tissu. Plantez trois épingles dans les épaisseurs, une à la pointe de la pince et deux à sa base.

2

Retournez l'ouvrage et reportez l'emplacement des épingles avec une craie.

3

Retirez les épingles et reliez les trois points afin de tracer la pince.

4

Retirez le patron et laissez les deux épaisseurs du tissu endroit contre endroit. Plantez les épingles sur les trois sommets de la pince déjà tracée.

5

Dessinez la pince de l'autre côté en reportant l'emplacement des épingles avec la craie et en les reliant.

6

Tracez un trait au milieu de chacune des pinces.

Coudre des pinces

1

Pliez la pince sur le trait tracé du milieu. Épinglez en positionnant l'épingle sur le trait de chaque côté de la pince.

2

Piquez de l'extérieur de la pince vers l'intérieur. Commencez par des points arrière au début et terminez la couture sans points arrière.

3

Au sommet de la pince, faites un nœud avec les fils. Le nœud doit être le plus proche du tissu sans être trop serré afin d'éviter des plis.

4

Repassez et couchez la pince vers le bas pour une pince au niveau de la poitrine et vers l'extérieur pour une pince au niveau de la taille.

LANCEZ-VOUS !

Entraînez-vous à cette technique en réalisant les projets suivants :
- La jupe portefeuille, page 40
- La robe droite, page 60
- La blouse, page 72
- La robe cintrée, page 76

Voir vidéo

COUDRE UN COL

Préparer un col

1

Entoilez le dessus du col avec du thermocollant, sur l'envers.

2

Piquez les deux parties du col envers contre envers : les deux petits côtés et le plus grand côté arrondi.

3

Crantez le col dans l'arrondi ainsi que dans les angles.

4

Retournez le col sur l'endroit, formez bien les angles à l'aide d'un objet pointu et repassez sur la couture.

Assembler un col

Pour assembler votre col, vous pouvez utiliser trois techniques. Pour chacune d'elles, il vous suffit d'insérer le col entre le vêtement et le biais ou la parementure.

1

Col assemblé avec une parementure, voir page 19.

2

Col assemblé avec un biais visible, voir page 20.

3

Col assemblé avec un biais invisible, voir page 21.

LANCEZ-VOUS !

Entraînez-vous à cette technique en réalisant la robe droite, page 60.

COUDRE DES MANCHES

La manche kimono

La manche kimono est une manche moins arrondie que la manche montée. Elle peut même être plate comme dans l'exemple ci-dessous. Elle est utilisée pour les vêtements avec de l'aisance au niveau de l'emmanchure comme des chemises d'homme, des vêtements d'enfants, des kimonos... Contrairement à la technique des manches montées, la manche kimono ne présente pas d'embu à résorber.

1

Pour cette technique, ne fermez pas la manche et assemblez le devant et le dos uniquement par l'épaule, en piquant à 1 cm du bord, endroit contre endroit.

2

Épinglez la tête de la manche avec l'emmanchure du vêtement, endroit contre endroit. Faites correspondre le repère du milieu de la manche avec la couture d'épaule.

3

Piquez au point droit, à 1 cm du bord. Repassez.

4

Positionnez les deux côtés de la couture d'emmanchure face à face, endroit contre endroit. Assemblez le côté du vêtement et de la manche en une seule couture.

LANCEZ-VOUS !

Entraînez-vous à cette technique en réalisant le perfecto, page 68.

La manche montée

La manche montée suit la forme du bras. Elle est utilisée pour les vêtements près du corps comme les robes, les blouses... Cette technique est plus difficile à maîtriser et il vous faudra de l'entraînement avant de réaliser une manche parfaite.

LANCEZ-VOUS !

Entraînez-vous à cette technique en réalisant les projets suivants :

- La robe droite, page 60
- La blouse, page 72
- La robe cintrée, page 76

1

Pour cette technique, commencez par coudre endroit contre endroit la manche sur sa longueur et assemblez le devant et le dos du vêtement par le côté et l'épaule en piquant à 1 cm du bord, endroit contre endroit.

2

Soutenez la tête de la manche en fronçant le tissu entre les deux repères du patron (voir technique des fronces, page 23). Cette étape permet de donner une forme arrondie à la tête de manche.

3

Retournez la manche sur l'endroit et retournez le corps du vêtement sur l'envers. Glissez la manche dans le vêtement en faisant bien correspondre les coutures des côtés. De même, faites correspondre les crans de montage. Le repère du milieu de la manche doit se situer en face de la couture d'épaule.

4

Épinglez la manche au corps en plaçant de nombreuses épingles côté manche. Répartissez les fronces afin de résorber l'embu (l'excédent de tissu sur la manche) et lui donner ainsi sa forme arrondie une fois montée.

5

Piquez doucement à 1 cm du bord en arrondissant la manche afin de ne pas former de plis. La manche doit se situer au-dessus (envers face à vous). Commencez à piquer au niveau des coutures sous le bras.

6

Vérifiez votre couture sur l'endroit et retirez les fils de fronces. Repassez les marges de couture côté manche.

Les modèles

LE FOULARD

Le foulard vous permettra de vous familiariser avec la découpe du tissu et de faire vos premiers pas avec votre machine à coudre. N'hésitez pas à le porter de plusieurs manières : autour du cou en carré, noué autour de la tête, en ceinture...

Matériel

- ***1 m 10 de coton léger en 1 m 40 de large***

Technique utilisée

- ***Faire un ourlet, page 18***

Pièce du patron

Un carré de 1 m x 1 m (2 cm de marges de couture incluses)

ASSEMBLAGE

1 Coupez un carré de 1 m par 1 m dans le tissu. Pour cela, utilisez une grande règle et une équerre et tracez votre carré directement sur l'envers du tissu, à l'aide d'une craie. Veillez à bien respecter le sens du droit-fil (voir technique page 13) ainsi que l'alignement des motifs du tissu.

2 À l'aide d'un fer à repasser, sur deux côtés parallèles du carré de tissu, marquez un ourlet au fer sur 2 cm et épinglez.

3 Piquez chaque ourlet au point droit, à 0,8 cm du bord, sur l'envers du tissu. Commencez et terminez votre couture par des points arrière.

4 Faites de même sur les deux autres côtés parallèles.

PERSONNALISEZ !

Vous pouvez ajouter un galon au niveau de l'ourlet, des pampilles aux angles du foulard... Toutes les fantaisies sont permises !

LE DÉBARDEUR

Vêtement facile à coudre par excellence, le débardeur est un basique à posséder dans sa garde-robe. Déclinez ce « marcel » moderne et féminin : en version chic, décontractée, colorée...

Matériel

- **70 cm de coton léger en 1 m 40 de large**
- **3 m de biais en 1 cm de large**

Pièces du patron

Patron tracé en bleu / planche B
Le tissu est plié en portefeuille (voir technique page 14).

Techniques utilisées

- ***Réaliser des coutures anglaises, page 16***
- ***Coudre un biais visible et invisible, pages 20-21***

Plan de coupe

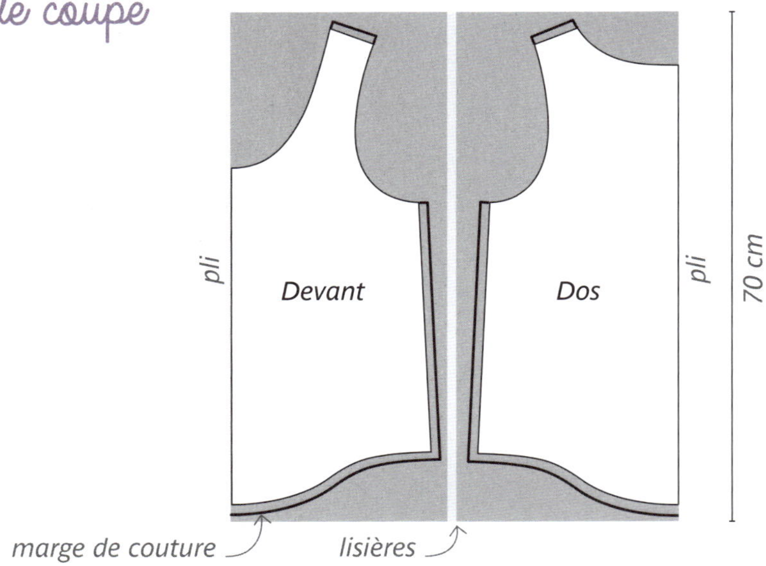

PIÈCE	COUPE	MARGES DE COUTURE À AJOUTER
Devant	*x 1 sur le pli*	*1 cm au niveau des épaules, des côtés et de l'ourlet.*
Dos	*x 1 sur le pli*	*1 cm au niveau des épaules, des côtés et de l'ourlet.*
Pas de marges de couture à l'encolure ni aux emmanchures.		

ASSEMBLAGE

1 Épinglez les pièces du patron sur le tissu, selon le plan de coupe et découpez-les.

2 Épinglez bord à bord, envers contre envers, le devant et le dos par les épaules. Assemblez-les avec des coutures anglaises. Assemblez ensuite le devant et le dos par les côtés, avec des coutures anglaises.

Voir photo 1

3 Bordez l'encolure et les emmanchures avec un biais visible. Pour réaliser de belles finitions : lorsque vous avez fait le tour de l'encolure ou de l'emmanchure, repliez l'extrémité du biais sur elle-même vers l'envers, en la superposant sur le début du biais. Piquez le biais au point droit sur l'endroit, à 0,8 cm du bord.

Voir photo 2

4 Bordez l'ourlet du débardeur avec un biais invisible. Pour réaliser de belles finitions : lorsque vous épinglez le biais sur l'endroit du tissu, repliez l'extrémité sur elle-même vers l'envers. Lorsque vous avez fait le tour de l'ourlet, superposez les extrémités du biais. Piquez au point droit sur l'endroit, à 0,8 cm du bord.

Voir photo 3

1

2

3

PERSONNALISEZ !

Mixez les couleurs et les imprimés en confectionnant par exemple votre débardeur dans un tissu uni et en utilisant des biais à motifs.

LA JUPE PORTEFEUILLE

Sa construction simple et sa coupe moderne sauront vous séduire !
Choisissez un tissu fin pour la porter en été ou plus épais si vous souhaitez en faire une incontournable de votre garde-robe hivernale !

Matériel

- **1 m de coton léger en 1 m 40 de large**
- **4 m de biais en 1 cm de large**
- **1 m de ruban en 3 cm de large**
- **1 m de ruban en 1 cm de large**

Techniques utilisées

- ***Coudre un biais invisible, page 21***
- ***Coudre des pinces, pages 26-27***

Pièces du patron

Patron tracé en rose / planche B
Le tissu est plié en deux (voir technique page 14).

Plan de coupe

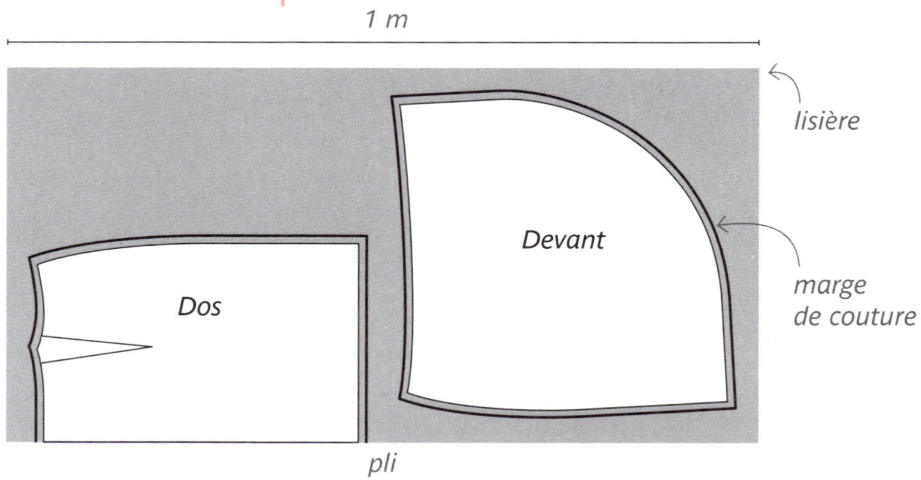

PIÈCE	COUPE	MARGES DE COUTURE À AJOUTER
Devant	*x 2*	*1 cm tout autour*
Dos	*x 1 sur le pli*	*1 cm tout autour sauf au milieu du dos*

ASSEMBLAGE

1 Épinglez les pièces du patron sur le tissu, selon le plan de coupe et découpez-les.

2 Piquez les deux pinces du dos de la jupe. Repassez-les vers l'extérieur.

Voir photo 1

3 Épinglez bord à bord, endroit contre endroit, le dos de la jupe et une pièce du devant par le grand côté. Piquez au point droit à 1 cm du bord, surfilez et repassez. Faites de même avec la deuxième pièce du devant, en l'assemblant au dos par le côté. Piquez au point droit, à 1 cm du bord et surfilez. Dans la couture du côté gauche de la jupe (quand vous la portez), glissez vers l'extérieur un ruban de 50 cm de long (celui mesurant 3 cm de large). Placez-le selon le repère du patron.

Voir photo 2

4 Bordez l'ourlet de la jupe avec un biais invisible.
Insérez un ruban de 50 cm de long (celui mesurant 3 cm de large) sur le devant droit selon les repères du patron, en le positionnant vers l'extérieur de la jupe. Ce ruban sera noué avec celui inséré dans la couture du côté gauche afin de refermer la jupe.
Sur le devant gauche, insérez un ruban de 50 cm de long (celui mesurant 1 cm de large) selon les repères du patron, en le positionnant vers l'extérieur de la jupe. Ce ruban sera noué à l'intérieur de la jupe et ne sera pas visible.

Voir photo 3

5 Piquez sur la marge de couture du côté droit un ruban de 50 cm de long (celui mesurant 1 cm de large). Il servira à nouer la jupe à l'intérieur, avec le ruban posé sur le devant gauche de la jupe.

6 Bordez le haut de la jupe avec un biais invisible.
Laissez le biais dépasser de quelques centimètres lorsque vous le piquez sur l'endroit de la jupe. Au moment de retourner le biais vers l'envers de la jupe, rentrez les extrémités vers l'envers, pour de belles finitions.

7 Nouez les rubans afin de refermer la jupe.

Voir photo 4

PERSONNALISEZ !

En Liberty, en laine, avec un nœud en satin ou en coton, uni ou d'une couleur contrastante… Votre jupe portefeuille traversera les saisons et pourra se doter d'un esprit élégant ou plus décontracté, selon vos envies.

1

2

3

4

LE SAC RÉVERSIBLE

Sans sac, une garde-robe n'est pas complète !
Réalisez ce sac réversible et ultra-féminin grâce à ses anses nouées.

Matériel

- ***90 cm de coton imprimé en 1 m 40 de large***
- ***90 cm de coton uni en 1 m 40 de large***

Pour ce sac, choisissez un tissu fin et un autre plus épais afin d'obtenir un beau tombé. Ici, le tissu fin correspond au tissu imprimé.

Pièces du patron

Patron tracé en bleu clair / planche B
Le tissu est plié en portefeuille (voir technique page 14).

Plan de coupe

Reproduisez ce plan de coupe une fois pour le tissu uni et une fois pour le tissu imprimé.

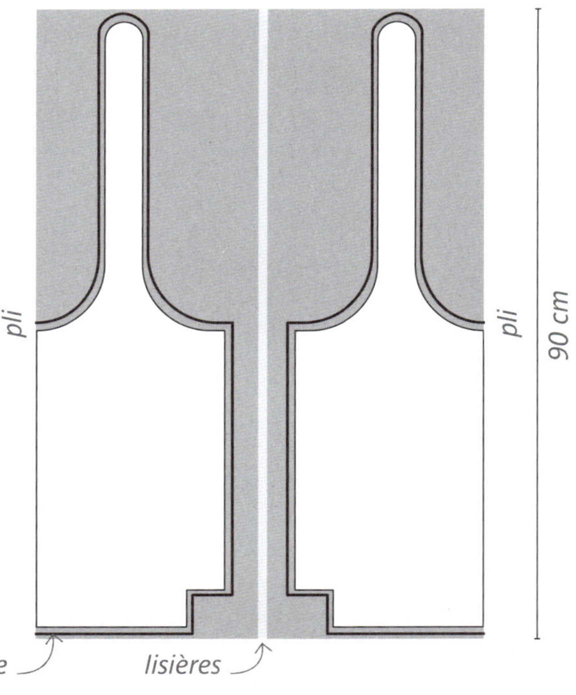

PIÈCE	COUPE	MARGES DE COUTURE À AJOUTER
Sac	*x 2 dans le coton uni* *x 2 dans le coton imprimé* *coupez sur le pli*	*1 cm tout autour sauf au milieu*

ASSEMBLAGE

Les trois premières étapes sont à réaliser deux fois : une fois pour le tissu uni et une autre fois pour le tissu imprimé.

1 Épinglez deux fois le patron sur le tissu, selon le plan de coupe et découpez.

2 Superposez les deux pièces d'un même tissu, endroit contre endroit et épinglez-les par le fond et les côtés. Piquez au point droit à 1 cm du bord en veillant à ne pas coudre la découpe (l'angle droit) entre les côtés et le fond. Ne surfilez pas les bords car ils seront cachés par la suite.

Voir photo 1

3 Sur les deux angles, endroit contre endroit, faites correspondre la couture du côté avec la couture du fond du sac. Piquez au point droit, à 1 cm du bord.

Voir photo 2

4 Insérez le sac imprimé dans le sac uni, endroit contre endroit. Faites correspondre les bords et les coutures des côtés et épinglez.

Voir photo 3

5 Piquez au point droit, à 1 cm du bord en laissant une ouverture de 5 cm au milieu entre les deux anses du sac. Coupez les marges de couture à 2 mm du bord.

Voir photo 4

6 Retournez le sac sur l'endroit par l'ouverture. Formez les angles dans les anses du sac à l'aide d'un objet pointu (un crayon de papier convient très bien), en veillant toutefois à ne pas faire de trous. Repassez.

7 Refermez l'ouverture avec un point visible ou à la machine.

8 Nouez les anses du sac avec un double-nœud, à 10 cm des extrémités.

PERSONNALISEZ !

Ajoutez une petite poche à l'intérieur de votre sac, adaptez la taille du patron pour rendre votre sac plus grand ou plus petit...

1

2

3

4

LA ROBE CEINTURÉE

Déclinaison longue du débardeur, cette robe est très élégante avec sa ceinture à nouer devant ou dans le dos, selon vos envies.

Matériel

- **1 m 70 de coton léger en 1 m 40 de large**

Techniques utilisées

- **Coudre une parementure, page 14**
- **Faire un ourlet, page 18**

Pièces du patron

Patron tracé en bleu / planche B
Le tissu est plié en portefeuille (voir technique page 14).

PIÈCE	COUPE	MARGES DE COUTURE À AJOUTER
Devant	*x 1 sur le pli*	*1 cm tout autour sauf au milieu du devant 3 cm en bas (ourlet)*
Dos	*x 1 sur le pli*	*1 cm tout autour sauf au milieu du dos 3 cm en bas (ourlet)*
Parementure devant	*x 1 sur le pli*	*1 cm tout autour sauf au milieu et au bas*
Parementure dos	*x 1 sur le pli*	*1 cm tout autour sauf au milieu et au bas*
Ceinture	*2 bandes de tissu de 1 m 30 de longueur et de 14 cm de hauteur*	*Marges de coutures incluses*

Plan de coupe

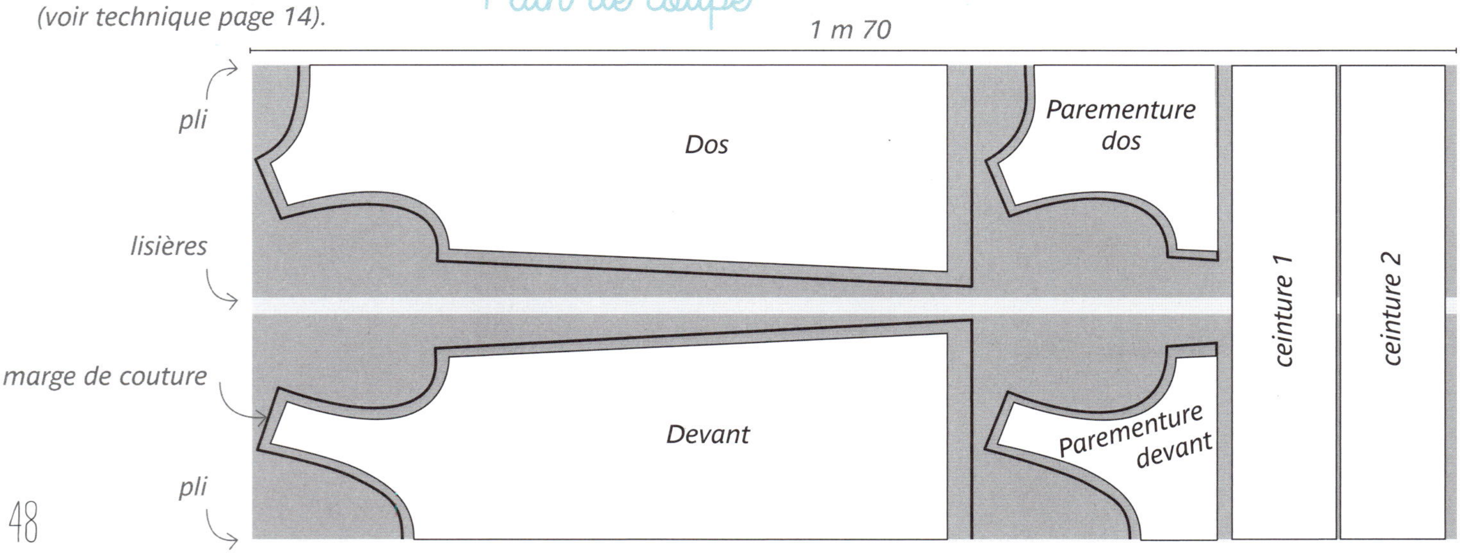

ASSEMBLAGE

1 Épinglez les pièces du patron sur le tissu, selon le plan de coupe et découpez-les.

2 Épinglez bord à bord, endroit contre endroit, le devant et le dos de la robe par les épaules. Piquez au point droit à 1 cm du bord, surfilez et repassez.

3 Épinglez bord à bord, endroit contre endroit, la parementure devant et la parementure dos par les épaules. Piquez au point droit à 1 cm du bord, surfilez et repassez. Surfilez également le bas de la parementure devant et celui de la parementure dos.

Voir photo 1

4 Épinglez bord à bord, endroit contre endroit, la robe et la parementure en faisant bien correspondre les coutures d'épaules. Autour de l'encolure, piquez au point droit à 1 cm du bord, surfilez et repassez. Crantez les arrondis, retournez la parementure vers l'intérieur de la robe et repassez.

Voir photo 2

5 Posez la robe à plat avec le devant et le dos de chaque côté. La parementure doit se situer sur le dessus. Commencez à rouler la robe sur sa longueur. Une fois arrivée au niveau de l'emmanchure, prenez la parementure et ramenez-la vers vous. Faites-la passer au-dessous. Faites correspondre l'emmanchure de la parementure avec l'emmanchure de la robe, endroit contre endroit. Épinglez et piquez au point droit, à 1 cm du bord. Veillez à ne pas coudre d'autres parties de la robe qui sont roulées dans le tube que vous venez de former.

Voir photos 3 à 6

6 Retournez la robe en la faisant passer par le tube au niveau de l'épaule pour revenir à sa position initiale.

7 Reproduisez les étapes 5 et 6 pour l'autre bretelle de la robe.

8 Crantez les marges de couture au niveau des arrondis des emmanchures. Repassez les deux emmanchures. Si le tissu tire, crantez les marges de couture à nouveau. Votre parementure est maintenant assemblée et les finitions du col et des emmanchures de la robe totalement invisibles.

9 Épinglez bord à bord, endroit contre endroit, le devant et le dos de la robe par les côtés de la robe et les côtés de la parementure. Piquez au point droit à 1 cm du bord, en faisant bien correspondre les coutures des emmanchures, surfilez et repassez.

10 Piquez l'ourlet sur 3 cm.

Couture de la ceinture

1 Tracez deux bandes de 1 m 30 de largeur et de 14 cm de hauteur sur le tissu à l'aide d'une grande règle et d'une équerre.

2 Superposez les deux bandes, endroit contre endroit. Assemblez-les par le petit côté, en piquant au point droit, à 1 cm du bord.

3 À l'aide du fer à repasser, pliez la ceinture en deux sur sa longueur, endroit contre endroit.

4 Refermez la ceinture en piquant les trois côtés ouverts au point droit, à 1 cm du bord et en veillant à laisser une ouverture de 5 cm environ au milieu.
Pour former les angles à chaque extrémité de la ceinture, piquez l'aiguille dans le tissu 1 cm avant le bord, relevez le pied-de-biche, faites un quart de tour à la ceinture, abaissez le pied-de-biche et continuez à coudre.
Crantez les angles et retournez la ceinture par l'ouverture. Formez les angles avec un objet pointu, en veillant toutefois à ne pas faire de trous.

5 Refermez l'ouverture en piquant au point droit près du bord. Repassez.

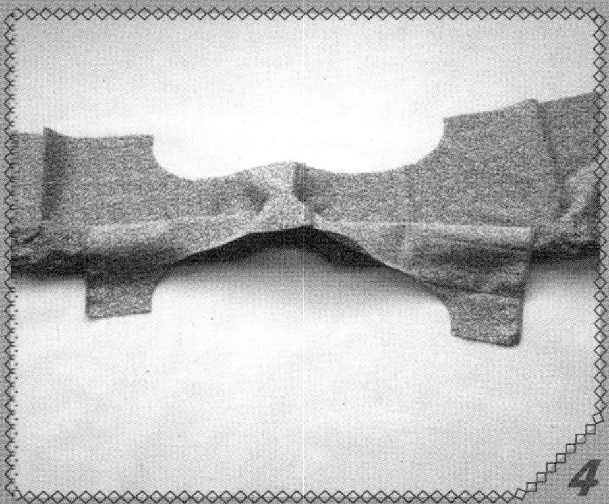

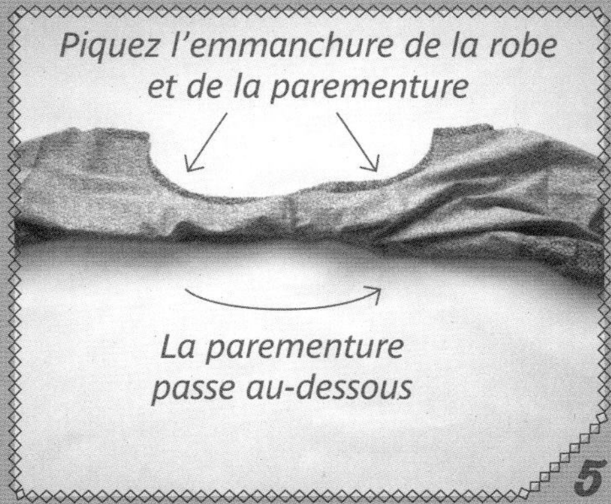

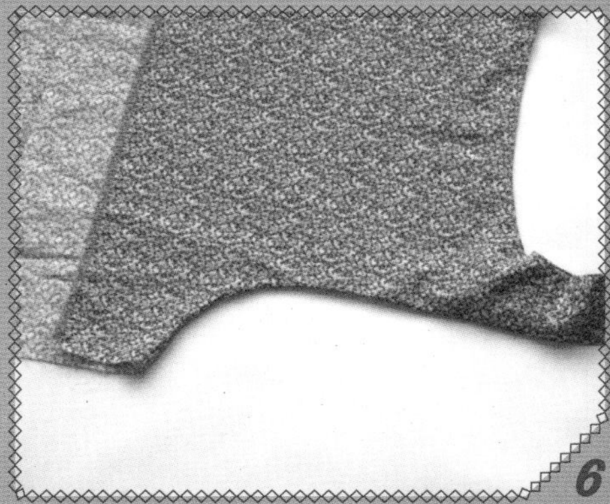

PERSONNALISEZ !

Raccourcissez la robe ceinturée pour créer une blouse élégante au style péplum, très tendance !

LA JUPE FRONCÉE

Froncée devant et élastiquée dans le dos, cette jupe a la particularité d'être cousue uniquement à partir de rectangles. Sortez votre calculatrice et préparez-vous à faire des calculs mathématiques pour créer ce modèle !

Matériel

- ***1 m 20 de coton léger en 1 m 40 de large***
- ***1 m d'élastique de 3 cm en large***

Techniques utilisées

- ***Réaliser des coutures anglaises, page 16***
- ***Faire un ourlet, page 18***
- ***Coudre des fronces, page 23***

Pièces du patron

Ces mesures permettent d'obtenir une jupe taille haute et comprennent les marges de couture.

- *Deux rectangles de 50 cm de hauteur, d'une largeur correspondant à 7/10e du tour de hanches.*
  Par exemple, pour un tour de hanches de 94 cm, la largeur de chaque rectangle sera de 66 cm ->(7/10) x 94 ≈ 66

- *Une bande de 10 cm de hauteur, d'une largeur correspondant 7/10e du tour de hanches + ½ tour de taille. Attention, cette mesure doit être supérieure au tour de hanches.*
  Par exemple, pour un tour de taille de 70 cm et un tour de hanches de 94 cm, la largeur de la bande sera de 101 cm -> (7/10 x 94) + (70/2) = 101

Principe de la jupe

Les mesures sur le schéma suivant correspondent à un tour de taille de 70 cm et un tour de hanches de 94 cm (voir méthode de calcul ci-dessus).

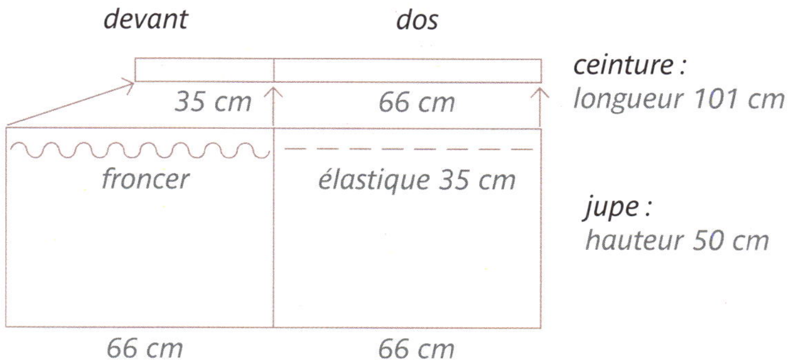

ASSEMBLAGE

1 Tracez les pièces du patron directement sur le tissu avec une craie pour textile, une grande règle et une équerre. Découpez les pièces de tissu.

2 Épinglez bord à bord, envers contre envers, le devant et le dos de la jupe par les côtés. Assemblez-les avec des coutures anglaises.

3 Sur le devant de la jupe, cousez deux fils de fronces en haut, entre les deux coutures de côté. Froncez le haut de la jupe.

Voir photo 1

4 Fermez la ceinture en assemblant les deux petits côtés avec une couture simple à 1 cm du bord, endroit contre endroit.

5 Assemblez la ceinture et la jupe, endroit contre endroit. La ceinture est positionnée vers le bas. Faites attention au sens des motifs.
Pour cela, commencez par faire correspondre la couture de la ceinture avec une des coutures de côté de la jupe. Épinglez le dos de la jupe (celui qui n'est pas froncé) avec la ceinture.
Épinglez ensuite le devant de la jupe avec la ceinture en répartissant les fronces de manière régulière. Piquez au point droit, à 1 cm du bord, en veillant à ne pas coudre sur les fils de fronces, afin de pouvoir les retirer plus facilement. Surfilez.

Voir photo 2

6 Retirez les fils de fronces à l'aide d'un découd-vite. Repassez la ceinture vers le haut. Surfilez le côté de la ceinture qui n'a pas été cousu.

Voir photo 3

7 Repliez la ceinture vers l'intérieur de la jupe. La ceinture doit faire 4 cm de hauteur sur l'endroit de la jupe. Épinglez.

Voir photo 4

8 Sur l'endroit, piquez à la base de la ceinture. Laissez deux ouvertures de 4 cm environ de part et d'autre des fronces afin d'y glisser l'élastique. Cette étape se réalise donc en deux temps car il y a deux coutures à piquer afin de laisser les deux ouvertures.

9 À l'aide d'une épingle à nourrice, glissez l'élastique dans la partie de la ceinture qui se trouve du côté plat de la jupe (le dos).

Voir photo 5

10 Fixez l'élastique sur l'un des côtés avec un point vertical sur la ceinture. Refermez la première ouverture.

Voir photo 6

11 Essayez la jupe afin d'ajuster la taille de l'élastique par la deuxième ouverture.

12 Fixez par un point vertical le deuxième côté de l'élastique et refermez la deuxième ouverture.

13 Faites un ourlet à 3 cm du bas de la jupe.

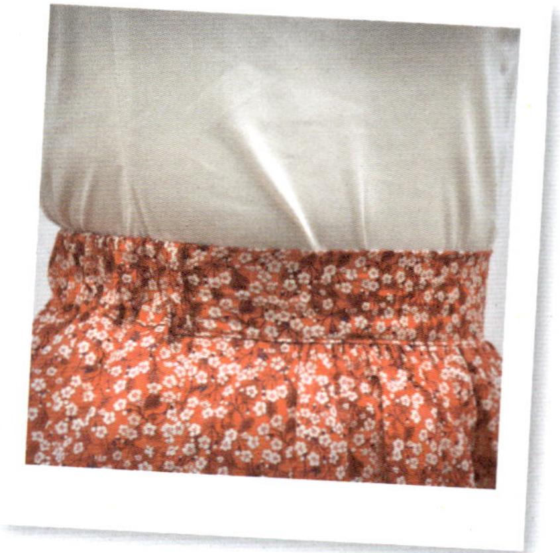

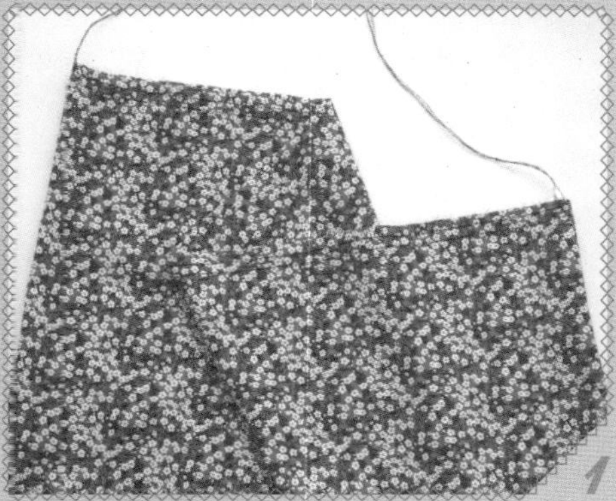

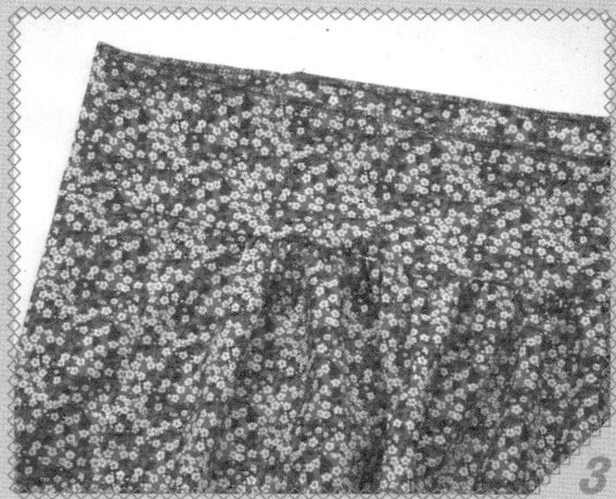
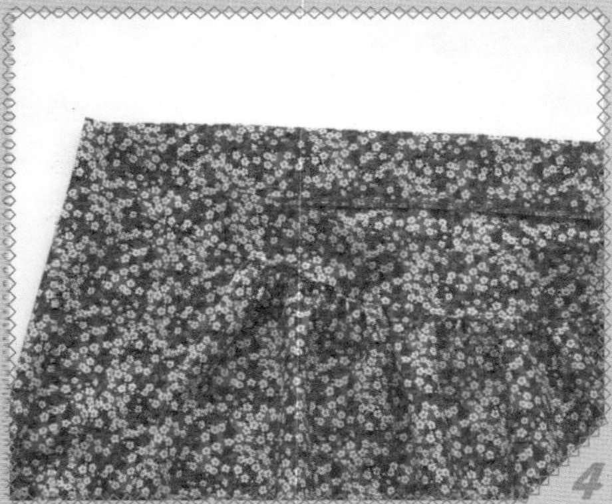
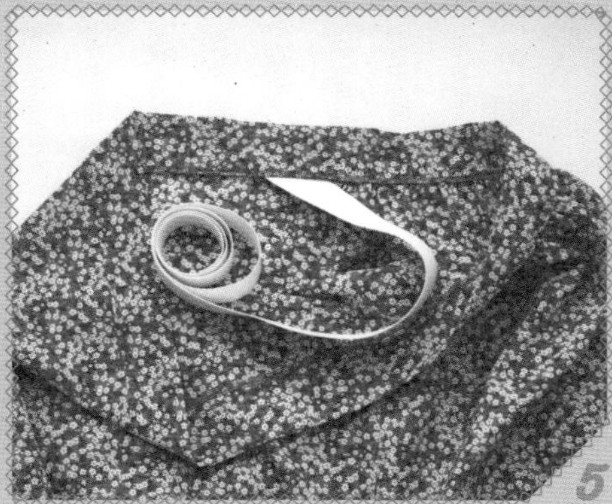
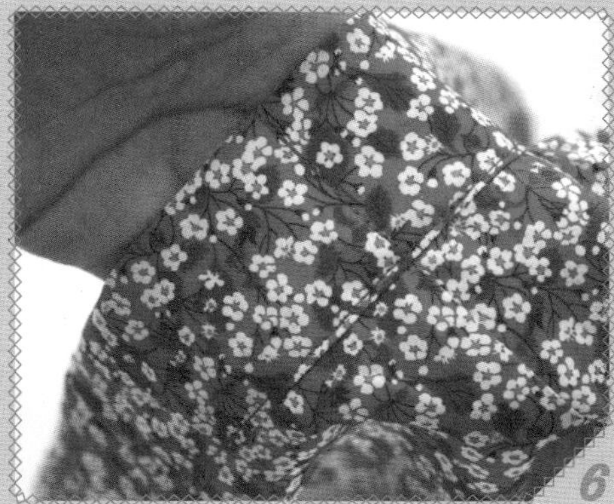

PERSONNALISEZ !

Jouez avec la longueur de la jupe pour des styles mini, midi ou maxi...

LE MINI SHORT

Pour la plage ou pour rester à la maison, ce mini short est à la fois simple et original, notamment grâce aux petites vagues présentées sur les côtés. N'ayez crainte, vous verrez rapidement que la construction d'un short n'est pas si compliquée...

Matériel

- ***1 m de coton léger en 1 m 40 de large***
- ***1 m d'élastique en 2 cm de large***

PIÈCE	COUPE	MARGES DE COUTURE À AJOUTER
Devant	*x 2*	*1 cm tout autour*
Dos	*x 2*	*1 cm tout autour*
Parementure devant	*x 2*	*1 cm tout autour sauf en haut*
Parementure dos	*x 2*	*1 cm tout autour sauf en haut*
Ceinture	*x 1 sur le pli*	*1 cm tout autour sauf au milieu*

Technique utilisée

- ***Coudre une parementure, page 19***

Pièces du patron

Patron tracé en bleu clair / planche A
Le tissu est plié en deux
(voir technique page 14).

Plan de coupe

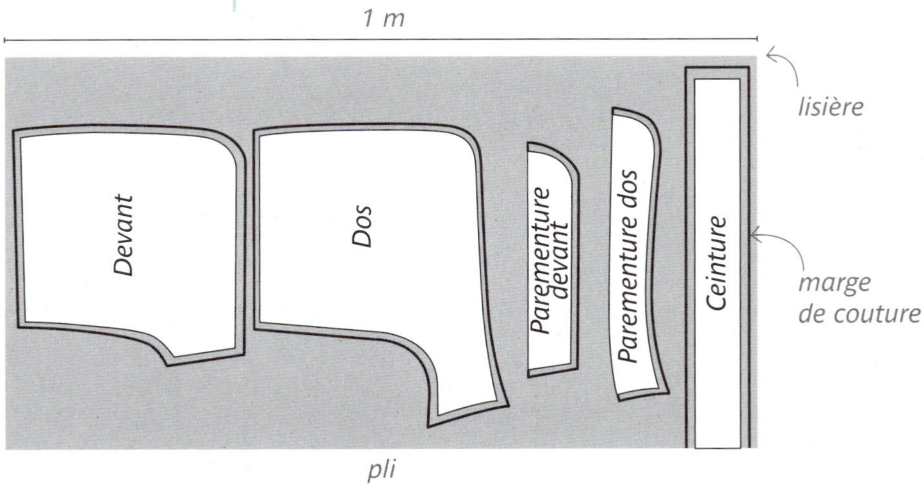

ASSEMBLAGE

1 Épinglez les pièces du patron sur le tissu, selon le plan de coupe et découpez-les.

2 Épinglez bord à bord, endroit contre endroit, les deux pièces du devant par le milieu. Piquez au point droit à 1 cm du bord, en veillant à ne pas coudre l'entrejambe. Surfilez et repassez.

3 Épinglez bord à bord, endroit contre endroit, les deux pièces du dos par le milieu. Piquez au point droit à 1 cm du bord, en veillant à ne pas coudre l'entrejambe. Surfilez et repassez.
Voir photo 1

4 Épinglez bord à bord, endroit contre endroit, le devant et le dos par les côtés jusqu'aux repères indiqués sur le patron. Piquez au point droit à 1 cm du bord. Surfilez et repassez les coutures vers le dos.

5 Piquez l'entrejambe du short au point droit, à 1 cm du bord. Veillez à faire correspondre les coutures des milieux du devant et du dos. Surfilez et repassez les coutures vers le dos.
Voir photo 2

6 Fermez la ceinture en assemblant les deux petits côtés, en piquant au point droit, à 1 cm du bord, endroit contre endroit.

7 À l'aide d'un fer à repasser, pliez la ceinture en deux sur sa longueur, envers contre envers.

8 Épinglez la ceinture sur le pantalon endroit contre endroit, le pli de la ceinture vers le bas. Faites correspondre la couture de la ceinture avec la couture du milieu du dos.

9 Piquez la ceinture au point droit, à 1 cm du bord, en laissant une ouverture de 5 cm.

10 Glissez l'élastique par l'ouverture de la ceinture, à l'aide d'une épingle à nourrice.
Essayez le short et ajustez la taille de l'élastique sur vous. Piquez les deux extrémités de l'élastique ensemble. Refermez l'ouverture. Surfilez et repassez la ceinture vers le haut.
Voir photo 3

11 Épinglez bord à bord, endroit contre endroit, les parementures devant et dos jusqu'aux repères indiqués sur le patron. Piquez au point droit à 1 cm du bord. Surfilez le bord de la parementure qui n'est pas arrondi et repassez.

12 Épinglez les parementures avec le short bord à bord, endroit contre endroit, les parementures vers le haut. Faites correspondre les coutures des côtés ensemble.

13 Piquez au point droit, à 1 cm du bord. Dans les arrondis, piquez jusqu'aux coutures de côté, laissez l'aiguille plantée dans le tissu, relevez le pied-de-biche, faites tourner votre ouvrage, abaissez le pied-de-biche, et continuez à coudre. Coupez les marges de couture dans les arrondis.
Voir photo 4

14 Rabattez les parementures à l'intérieur du short et repassez. Si le tissu tire, recoupez les marges de couture à nouveau.

15 Fixez les parementures à l'intérieur du short en cousant les marges de couture des côtés et de la parementure ensemble à la main.

PERSONNALISEZ !

Simplifiez ce mini short et gagnez du temps lors de la réalisation en remplaçant l'ourlet arrondi par un ourlet droit.

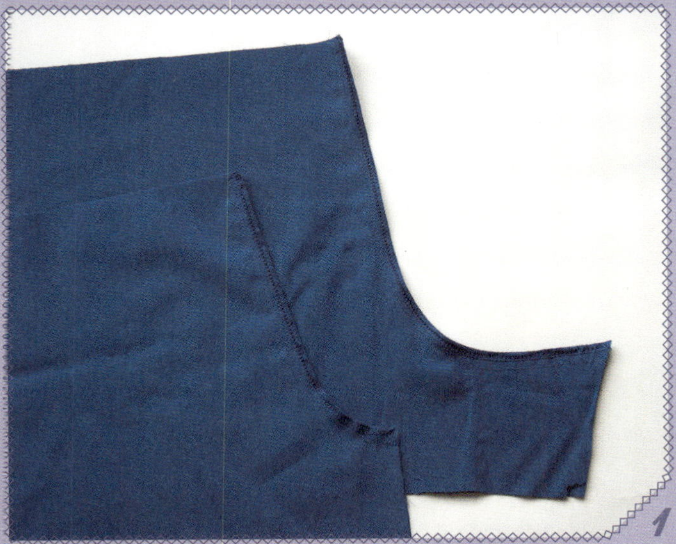

1

2

3

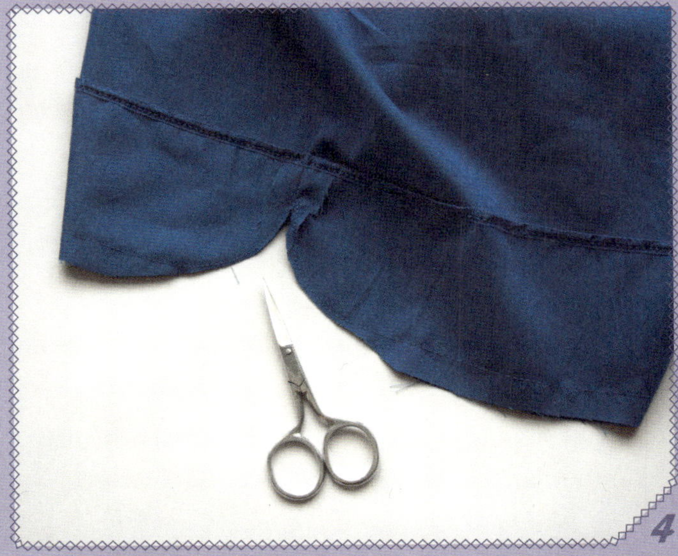

4

LA ROBE DROITE

Pinces, poches, col, vous êtes maintenant prête à construire un modèle de robe avec de multiples détails couture ! Ce patron est une variation de la blouse (page 72). N'hésitez pas à mixer les options comme les encolures ou la longueur des manches, pour créer un modèle unique !

Matériel

- ***1 m 50 de coton léger en 1 m 40 de large***
- ***80 cm de biais de 1 cm en large***
- ***Entoilage thermocollant***

Si vous choisissez un tissu épais, coupez les poches et le dessous du col dans un tissu plus fin afin de ne pas alourdir le vêtement.

Techniques utilisées

- ***Faire un ourlet, page 18***
- ***Coudre un biais invisible, page 21***
- ***Coudre des pinces, pages 26-27***
- ***Coudre un col, pages 28-29***
- ***Coudre des manches montées, page 31***

Pièces du patron

Patron tracé en bleu / planche A
Le tissu est plié en portefeuille et en deux (voir technique page 14). Pour cela, coupez vos pièces en deux temps. Dans un premier temps, coupez le devant et le dos. Dans un second temps, coupez les autres pièces.

Plan de coupe

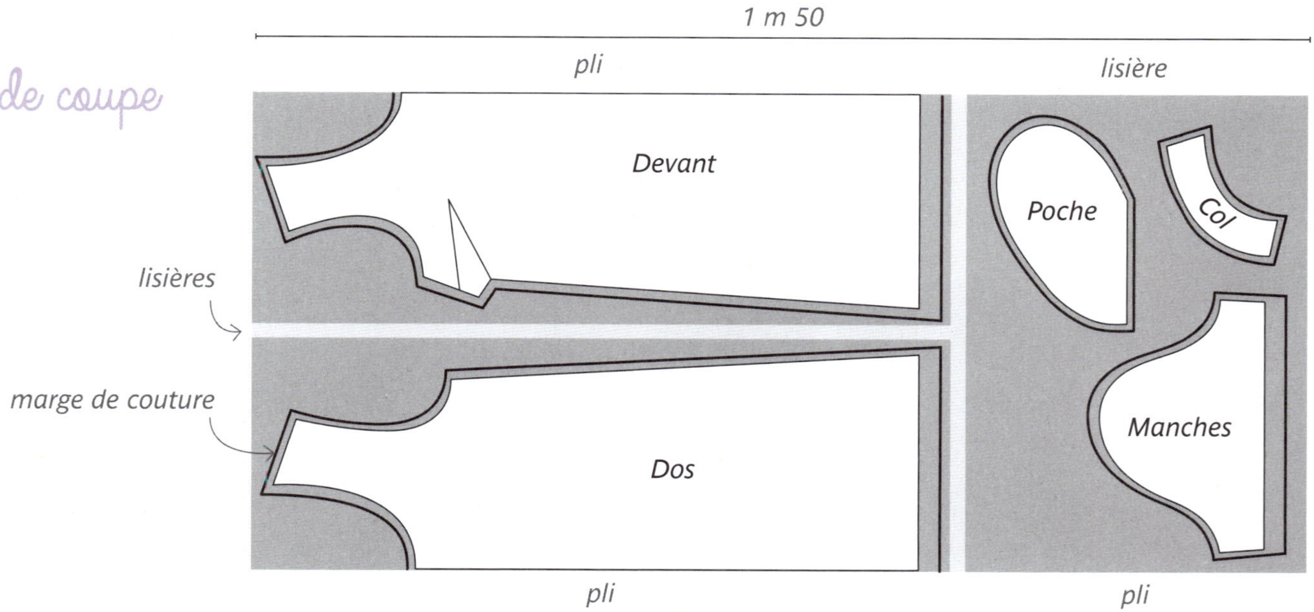

PIÈCE	COUPE	MARGES DE COUTURE À AJOUTER
Devant	*x 1 sur le pli*	*1 cm tout autour sauf au milieu du devant 3 cm en bas (ourlet)*
Dos	*x 1 sur le pli*	*1 cm tout autour sauf au milieu du dos 3 cm en bas (ourlet)*
Col	*x 4*	*1 cm tout autour*
Poches	*x 4*	*1 cm tout autour*
Manches	*x 2*	*1 cm tout autour et 3 cm en bas (ourlet)*

ASSEMBLAGE

1 Épinglez les pièces du patron sur le tissu, selon le plan de coupe et découpez-les.

2 Piquez les deux pinces poitrine. Repassez-les vers le bas.

Voir photo 1

3 Confectionnez les deux parties du col. Entoilez le dessus du col. Piquez uniquement deux côtés du col, en veillant à ne pas piquer le côté de l'épaule ni celui de l'encolure. Crantez les arrondis.

Voir photo 2

4 Assemblez le col sur le devant de la robe, côté endroit, en positionnant chaque pièce à partir des épaules. Piquez à 0,5 cm du bord au niveau de l'encolure.

Voir photo 3

5 Posez un biais invisible sur l'encolure du devant et l'encolure du dos. Pour le devant, au moment de retourner le biais vers l'envers de la robe, ne prenez pas le col dans la couture, qui sera alors cachée par le col.

6 Épinglez bord à bord, endroit contre endroit, le devant et le dos de la robe par les épaules. Piquez au point droit à 1 cm du bord, surfilez et repassez.

7 Surfilez le tour des poches et les côtés du devant et du dos de la robe.

8 Assemblez les poches de chaque côté du devant et du dos selon les repères indiqués sur le patron. Positionnez les poches endroit contre endroit vers l'intérieur de la robe. Piquez au point droit, à 1 cm du bord et repassez les poches vers l'extérieur.

Voir photo 4

9 Assemblez le devant et le dos de la robe par les côtés, endroit contre endroit, en piquant à 1 cm du bord et en faisant le tour des poches. Repassez.

Voir photo 5

10 Fermez les manches. Piquez au point droit, à 1 cm du bord, surfilez et repassez.

11 Assemblez les manches en utilisant la technique des manches montées, en piquant au point droit, à 1 cm du bord. Surfilez et repassez.

12 Piquez les ourlets des manches et l'ourlet de la robe sur 3 cm.

1

2

3

4

5

PERSONNALISEZ !

Réalisez cette robe sans col, en insérant dans le biais des rubans à nouer au niveau du décolleté du dos...

LA POCHETTE MOLLETONNÉE

Moelleuse et élégante, cette pochette sera votre sac à main en soirée ou vous servira à ranger votre bazar en voyage.

Matériel

- ***70 cm de coton imprimé (si sens des motifs) sinon 40 cm,***
- ***40 cm de coton uni épais***
- ***40 cm de ouatine***
- ***1 m 50 de ruban en 1 cm de large***

Pièces du patron

Ces mesures comprennent les marges de couture.

- *1 rectangle de coton imprimé de 60 cm de long et de 34 cm de large*
- *1 rectangle de coton uni de 60 cm de long et de 34 cm de large*
- *1 rectangle de ouatine de 60 cm de long et de 34 cm de large*

WALK
ON
THE
WILD
SIDE

ASSEMBLAGE

1 Tracez les pièces du patron directement sur le tissu avec une craie pour textile, une grande règle et une équerre. Découpez les pièces de tissu.

2 Marquez un pli de 1 cm au fer vers l'envers sur la largeur du tissu uni et du tissu imprimé. Pour le tissu imprimé, si le motif a un sens, faites ce pli en haut du motif.

3 Retournez les deux tissus sur l'endroit et marquez un pli de 20 cm vers l'endroit à l'aide d'un fer à repasser.

Voir photo 1

4 Glissez la ouatine sous le pli de 1 cm du tissu uni. Épinglez de part et d'autre. Retournez ensuite la ouatine sous le tissu uni et épinglez toutes les épaisseurs ensemble.

Voir photo 2

5 Positionnez le tissu imprimé endroit contre endroit sur la ouatine et le tissu uni, en faisant correspondre les deux plis de 1 cm. Épinglez toutes les épaisseurs entre elles.

Voir photo 3

6 Piquez toutes les épaisseurs ensemble à 1 cm du bord, sur trois côtés. Laissez une ouverture en bas afin de pouvoir retourner la pochette. Pour piquer les angles, arrêtez vous à 1 cm du bord, plantez l'aiguille de la machine dans le tissu, levez le pied-de-biche, tournez votre ouvrage et abaissez le pied-de-biche. Vous pouvez continuer à coudre.

Voir photo 4

7 Coupez délicatement les marges de couture à 2 mm de la couture.

8 Retournez la pochette en formant les angles à l'aide d'un objet pointu (un crayon de papier convient très bien), en veillant toutefois à ne pas trouer la pochette.

9 Refermez l'ouverture en piquant à 2-3 mm du bord. Prenez bien la ouatine dans la couture en la cachant sous le pli du tissu uni.

Voir photo 5

10 Repassez la pochette, en n'appuyant pas trop afin de ne pas perdre le moelleux de la ouatine.

11 Sur le rabat, piquez avec quelques points le ruban en son milieu.

12 Nouez le ruban autour de la pochette.

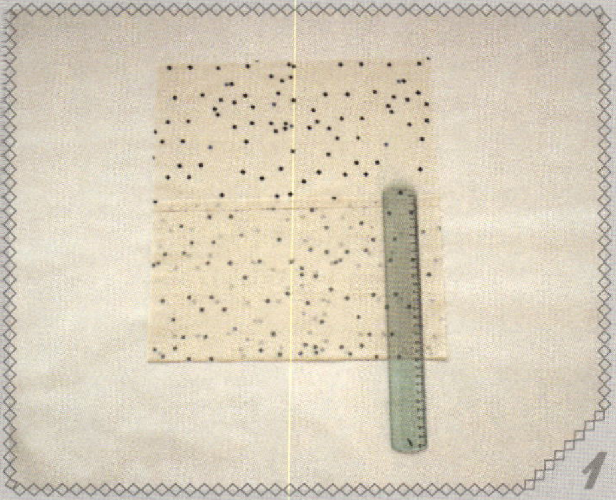
1

2

3

4

5

PERSONNALISEZ !

Inversez le tissu uni et le tissu imprimé, changez le ruban pour varier de style, fermez la pochette avec un bouton-pression…

LE PERFECTO

Votre première petite veste ! Cousue dans un tissu sweat, elle est confortable et moderne à souhait, grâce à sa coupe perfecto.

Matériel

- ***1 m 40 de tissu molletonné type sweat avec un peu d'élasticité en 1 m 40 de large***
- ***Une fermeture à glissière séparable de 40 cm***

Techniques utilisées

- ***Coudre une parementure, page 19***
- ***Coudre une fermeture à glissière visible, page 20***
- ***Coudre des manches kimono, page 30***

Pièces du patron

Patron tracé en rose clair / planche B
Le tissu est plié en deux
(voir technique page 14).

Plan de coupe

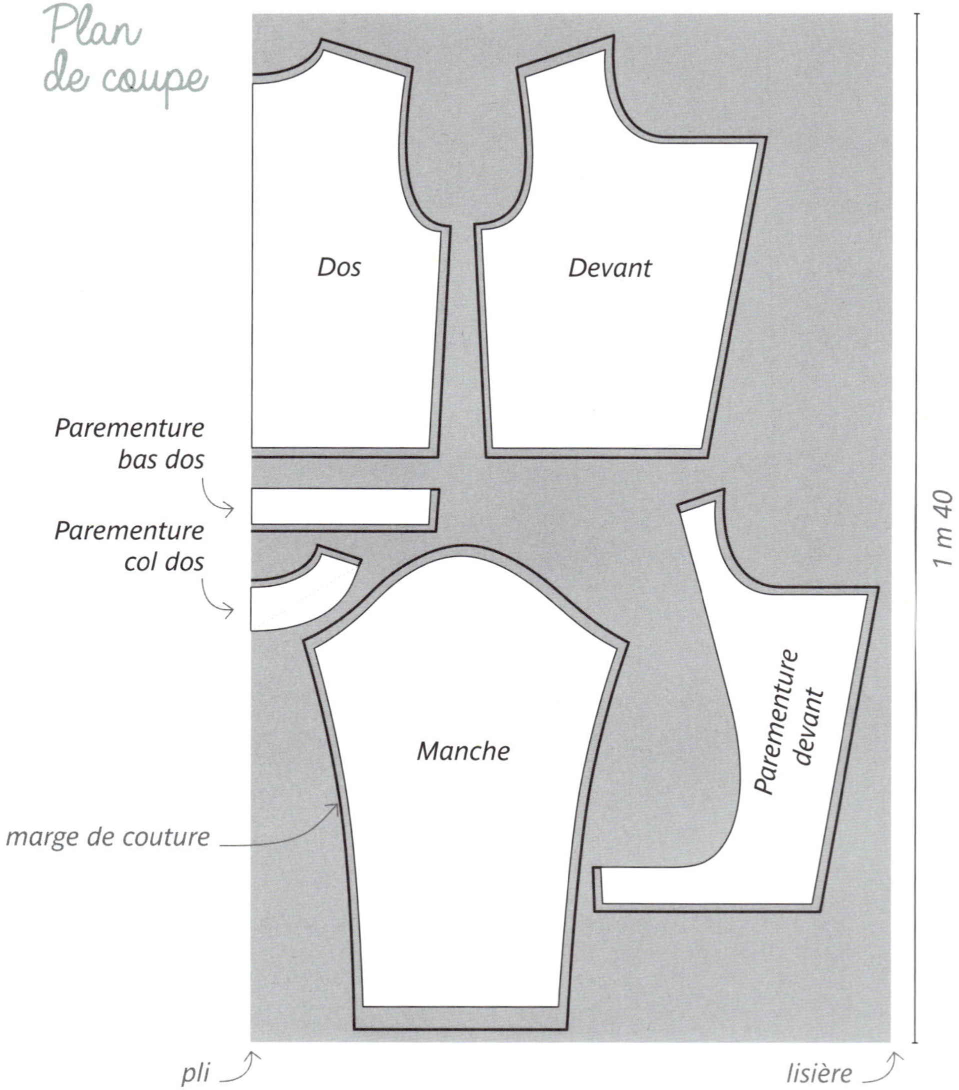

PIÈCE	COUPE	MARGES DE COUTURE À AJOUTER
Devant	*x 2*	*1 cm tout autour*
Dos	*x 1 sur le pli*	*1 cm tout autour sauf au milieu du dos*
Parementure devant	*x 2*	*1 cm tout autour sauf sur le bord intérieur*
Parementure col dos	*x 1 sur le pli*	*1 cm tout autour sauf sur le bord intérieur*
Parementure bas dos	*x 1 sur le pli*	*1 cm tout autour sauf sur le bord intérieur*
Manche	*x 2*	*1 cm tout autour et 3 cm en bas (ourlet)*

ASSEMBLAGE

1 Épinglez les pièces du patron sur le tissu, selon le plan de coupe et découpez-les.

2 Épinglez bord à bord, endroit contre endroit, le devant et le dos de la veste par les épaules. Piquez au point droit à 1 cm du bord, surfilez et repassez.

3 Assemblez les manches en utilisant la technique des manches kimono. Piquez au point droit, à 1 cm du bord, surfilez et repassez.

Voir photo 1

4 Refermez les manches et assemblez le devant et le dos de la veste par les côtés. Faites correspondre les coutures d'emmanchure. Piquez au point droit, à 1 cm du bord, surfilez et repassez.

5 Assemblez les deux parementures devant avec la parementure col dos et la parementure bas dos. Piquez au point droit, à 1 cm du bord, surfilez et repassez.
Surfilez également le côté intérieur des parementures.

6 Épinglez la fermeture à glissière sur le devant droit, positionnez celle-ci au bord du tissu, les dents orientées vers l'intérieur.
Sur le devant gauche, positionnez celle-ci selon les repères du patron.
Avant de piquer à l'aide d'un pied-de-biche spécial, refermez la fermeture afin de vérifier qu'elle est positionnée dans le bon sens.

Voir photo 2

7 Assemblez la veste avec les parementures, endroit contre endroit. Piquez au point droit, à 1 cm du bord. Sur le côté droit, piquez à nouveau sur la couture de la fermeture à glissière.

Voir photo 3

8 Retournez les parementures vers l'intérieur du perfecto et repassez sur les coutures. Crantez les arrondis et les angles si le tissu tire au moment du repassage.

9 Piquez sur l'endroit à 1,5 cm du bord le long des parementures afin de les fixer vers l'intérieur du perfecto. Commencez et terminez la couture à l'emplacement du côté gauche de la fermeture à glissière.

10 Piquez les ourlets des manches sur 3 cm.

1

2

3

PERSONNALISEZ !

Ajoutez de l'originalité à votre perfecto en réalisant les parementures dans un tissu contrastant.

LA BLOUSE

Variante de la robe droite en version raccourcie, ce modèle est caractérisé par des empiècements en lin brillant pour en faire une tenue chic et élégante.

Matériel

- **1 m 20 de coton léger en 1 m 40 de large**
- **20 cm de lin lamé en 1 m 40 de large**
- **70 cm de passepoil**

Techniques utilisées

- ***Faire un ourlet, page 18***
- ***Coudre une parementure, page 19***
- ***Coudre un passepoil, page 22***
- ***Coudre des pinces, pages 26-27***
- ***Coudre des manches montées, page 31***

Pièces du patron

Patron tracé en bleu / planche A
Le tissu est plié en portefeuille et en deux (voir technique page 14).
Pour cela, coupez vos pièces en deux temps. Dans un premier temps, coupez le devant et le dos. Dans un second temps, coupez les autres pièces.

Plan de coupe

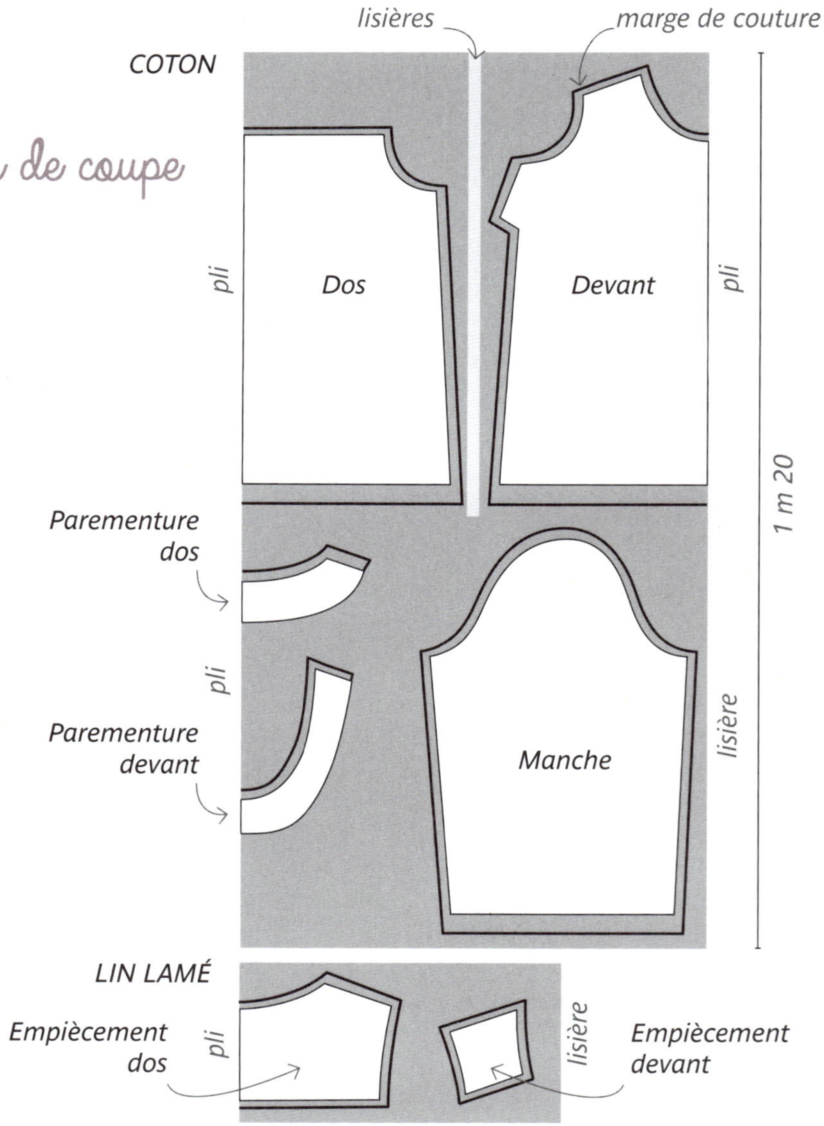

JANE
AUSTEN

PIÈCE	COUPE	MARGES DE COUTURE À AJOUTER
Devant	*x 1 dans le pli / coton*	*1 cm tout autour sauf au milieu du devant et 3 cm en bas (ourlet)*
Dos	*x 1 dans le pli / coton*	*1 cm tout autour sauf au milieu du dos et 3 cm en bas (ourlet)*
Parementure devant	*x 1 dans le pli / coton*	*1 cm tout autour sauf au milieu et arrondi extérieur*
Parementure dos	*x 1 dans le pli / coton*	*1 cm tout autour sauf au milieu et arrondi extérieur*
Manches	*x 2 / coton*	*1 cm tout autour et 3 cm en bas (ourlet)*
Empiècement devant	*x 2 / lin lamé*	*1 cm tout autour*
Empiècement dos	*x 1 dans le pli / lin lamé*	*1 cm tout autour sauf au milieu*

ASSEMBLAGE

1 Épinglez les pièces du patron sur le tissu, selon le plan de coupe et découpez-les.

2 Piquez les deux pinces poitrine. Repassez-les vers le bas.

3 Assemblez le devant avec les deux empiècements devant, en insérant le passepoil dans la couture. Piquez dans un premier temps le passepoil sur le devant à l'aide d'un pied-de-biche spécial, en veillant que le cordon du passepoil soit bien vers l'intérieur.

Voir photo 1

4 Positionnez l'empiècement endroit contre endroit et piquez à 1 cm du bord, en piquant à nouveau sur la première couture du passepoil. Cette deuxième couture doit être plus proche du cordon, sinon la première couture sera apparente sur l'endroit. Surfilez et repassez.

Voir photo 2

5 Assemblez le dos avec l'empiècement dos en insérant le passepoil dans la couture, selon les techniques des étapes 3 et 4.

6 Épinglez bord à bord, endroit contre endroit, le devant et le dos de la blouse par les épaules et les côtés. Piquez au point droit à 1 cm du bord, surfilez et repassez.

Voir photo 3

7 Assemblez la parementure devant et la parementure dos par les épaules. Surfilez et repassez. Surfilez également le côté extérieur des parementures.

8 Assemblez la blouse et la parementure, endroit contre endroit au niveau de l'encolure. Faites correspondre les coutures d'épaule.

Voir photo 4

9 Surpiquez la couture côté parementure. Prenez les marges dans la couture. Crantez les arrondis et retournez la parementure vers l'envers de la blouse. Repassez.

10 Fermez les manches. Piquez au point droit, à 1 cm du bord. Surfilez et repassez.

11 Assemblez les manches en utilisant la technique des manches montées. Piquez au point droit, à 1 cm du bord, surfilez et repassez.

12 Piquez les ourlets des manches et l'ourlet de la blouse sur 3 cm.

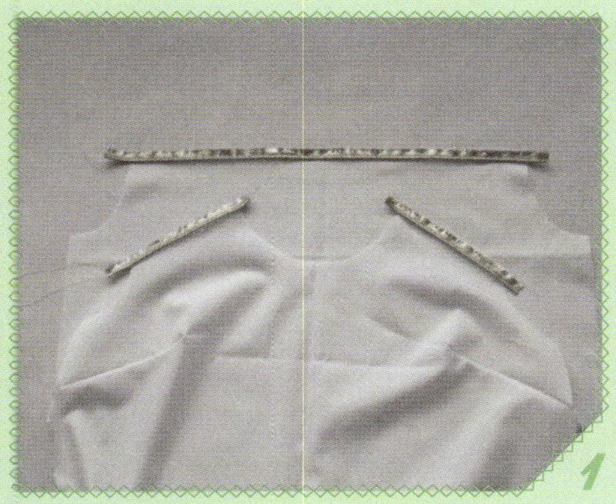

PERSONNALISEZ !

Mixez les patrons de la robe droite et de la blouse pour réaliser par exemple une blouse avec un décolleté dans le dos et un col ou bien une robe avec des empiècements brillants...

LA ROBE CINTRÉE

LA robe ! Voilà le modèle qui vous permettra d'utiliser un maximum de techniques de couture dans un seul vêtement. Une fois que vous saurez réaliser ce modèle, vous pourrez tout coudre (ou presque) !

Matériel

- *1 m 40 de coton léger en 1 m 40 de large*
- *60 cm de biais en 1 cm de large*
- *Une fermeture à glissière invisible de 40 cm*

Techniques utilisées

- ***Coudre un biais invisible, page 21***
- ***Coudre des fronces, page 23***
- ***Coudre une fermeture invisible, page 25***
- ***Coudre des pinces, pages 26-27***
- ***Coudre des manches montées, page 31***

Pièces du patron

Patron tracé en rose / planche A
le tissu est plié en portefeuille et en deux (voir technique page 14). Pour cela, coupez vos pièces en deux temps. Dans un premier temps, coupez le devant, le dos, la jupe devant et la jupe dos.
Dans un second temps, coupez la manche.

Plan de coupe

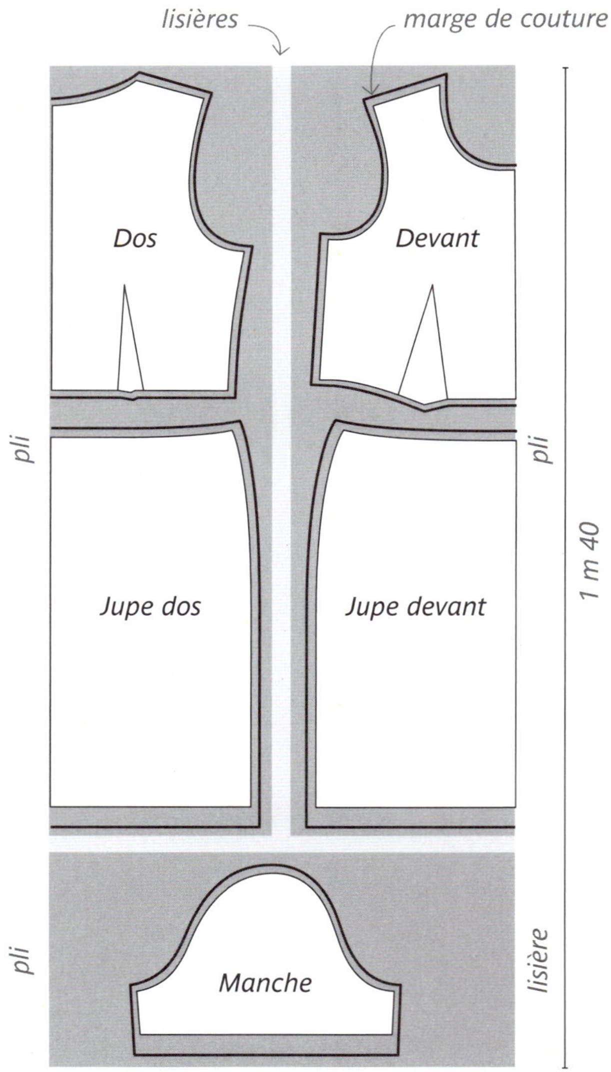

PIÈCE	COUPE	MARGES DE COUTURE À AJOUTER
Devant	*x 1 dans le pli*	*1 cm tout autour sauf au milieu du devant*
Dos	*x 1 dans le pli*	*1 cm tout autour sauf au milieu du dos*
Jupe devant	*x 1 dans le pli*	*1 cm tout autour sauf au milieu de la jupe devant et 3 cm en bas (ourlet)*
Jupe dos	*x 1 dans le pli*	*1 cm tout autour sauf au milieu de la jupe dos et 3 cm en bas (ourlet)*
Manches	*x 2*	*1 cm tout autour et 3 cm en bas (ourlet)*

ASSEMBLAGE

1 Épinglez les pièces du patron sur le tissu, selon le plan de coupe et découpez-les.

2 Piquez les pinces du devant et du dos (4 pinces au total). Repassez-les vers les côtés.

Voir photo 1

3 Épinglez bord à bord, endroit contre endroit, le devant et le dos par les épaules. Piquez au point droit à 1 cm du bord, surfilez et repassez.

Voir photo 2

4 Assemblez le devant et le dos du haut de la robe par le côté gauche (lorsque vous portez la robe). Ne cousez pas le côté droit qui sera fermé par la fermeture à glissière. Piquez au point droit, à 1 cm du bord, surfilez et repassez.

5 Épinglez bord à bord, endroit contre endroit, le devant et le dos de la jupe par le côté gauche. Ne cousez pas le côté droit qui sera fermé par la fermeture à glissière. Piquez au point droit à 1 cm du bord, surfilez et repassez.

6 Sur le haut du devant et du dos de la jupe, cousez deux fils de fronces entre les repères (4 fronces au total). Froncez le devant et le dos de la jupe.

Voir photo 3

7 Assemblez le buste et la jupe de la robe en faisant correspondre la couture du côté gauche. Répartissez les fronces afin d'obtenir la même longueur sur les deux pièces. Piquez au point droit, à 1 cm du bord, surfilez et repassez la marge de couture vers le haut.

8 Surfilez les deux côtés droit de la robe.

9 Posez la fermeture à glissière invisible entre les repères du côté droit, à l'aide d'un pied-de-biche spécial. Refermez la fermeture avant de la coudre afin de vérifier qu'elle est positionnée dans le bon sens. Piquez ensuite au-dessus et au-dessous de la fermeture à glissière pour refermer le côté de la robe.

Voir photos 4 et 5

10 Refermez les manches. Assemblez les manches en utilisant la technique des manches montées. Piquez au point droit, à 1 cm du bord, surfilez et repassez.

11 Piquez les ourlets des manches et l'ourlet de la robe sur 3 cm.

12 Bordez l'encolure par un biais invisible.

Voir photo 6

1

2

3

4

5

6

PERSONNALISEZ !

Choisissez deux tissus aux couleurs ou imprimés différents pour le buste et la jupe, et confectionnez ainsi une robe unique !

Remerciements de l'auteur

Un grand merci à Marylise Trioreau pour m'avoir confié ce beau projet !

Merci également à mes élèves de cours de couture qui m'ont aidée sans le savoir à l'élaboration de ce livre.

Merci à Charlotte Brunet et Anne-Sophie Trébel pour cette journée de shooting photo et le superbe résultat.

BONNES ADRESSES

Fil 2000
Une bonne adresse parisienne pour se fournir en mercerie à bas prix. Service au top !
65 RUE RÉAUMUR - 75002 PARIS

Atelier Brunette
De beaux imprimés sur des tissus faciles à coudre et agréables à porter.
17 RUE JEAN BEAUSIRE - 75004 PARIS
HTTP://ATELIERBRUNETTE.COM/FR/

France Duval Stalla
À Paris ou en ligne, vous y trouverez de belles matières unies (lins, lainages, batistes, matelassés...).
24 RUE MAYET - 75006 PARIS
WWW.FRANCEDUVALSTALLA.COM/FR

Cousette
Une référence en ligne pour coudre vos vêtements (tissus, patrons, mercerie...).
WWW.COUSETTE.COM

Remerciements

*Un grand merci à notre partenaire **Stragier** qui a fourni les tissus utilisés pour les modèles.*

WWW.STRAGIER.COM

Les références des tissus sont les suivantes :
Liberty Tana Lawn – Betsy fluothé V (Le foulard)
Liberty Tana Lawn – Strawberry thief H (Le débardeur)
Liberty Tana Lawn – Poppy and Daisy N (La jupe portefeuille)
Liberty Tana Lawn – Jonathan B (Le sac réversible)
Liberty Tana Lawn – Pepper J (La robe ceinturée)
Liberty Tana Lawn – Mitsi Valeria C (La jupe froncée)
Coton Panama uni – Navy (Le sac réversible)
Fil à fil pur coton uni – Bleu touareg (Le mini short)
Fil à fil pur coton uni – Vermillon (La robe cintrée)
Fil à fil pur coton uni – Blanc (La blouse)

*L'auteur et l'éditeur remercient Corentine Georges de **Motif Personnel** et Marie Gauthier de **Aime comme Marie** qui ont fourni les tissus utilisés pour la leçon de couture et les vidéos.*

Les références des tissus sont les suivantes :
Collection « Première Etoile » chez Motif Personnel
Collections « Léger comme une Plume » et « Ma rivière de diamants » par Aime comme Marie éditées par Motif Personnel

*L'éditeur remercie également la marque **Janome** ainsi que Laurent-Claude Schapira et Annick Lucel de la société Exact.*

La machine à coudre qui a servi pour les photos en pas à pas et les vidéos est le modèle Jeans & Stretch 8077.

WWW.JANOMEFRANCE.COM - 97 RUE COURCELLES 75017 PARIS

Liens Internet des vidéos :

Réaliser des coutures anglaises : http://youtu.be/lx_NvlqY8JI
Poser un biais visible : http://youtu.be/FdEz3dms8dc
Coudre des fronces : http://youtu.be/YVeTx7l_us8
Poser une fermeture à glissière visible : http://youtu.be/plSu50pWYuQ
Coudre des pinces : http://youtu.be/grUC3H8Gm48

Direction éditoriale : Tatiana Delesalle
Édition : Marylise Trioreau
Direction artistique : Caroline Soulères
Photographies : Charlotte Legendre Brunet
Contribution à l'illustration photographique : Charlotte Auzou
Dessins des patrons : Laurent Stefano
Mise en pages : Vanessa Paris
Fabrication : Thierry Dubus et Audrey Bord
Réalisation des vidéos : Extermitent

Mango, une marque de Fleurus Éditions
15-27 rue Moussorgski 75898 Paris Cedex 18
www.mangoeditions.com
Dépôt légal : janvier 2015
ISBN : 978-2-8125-0297-2
MDS : 76457
4e édition - M17151
Photogravure : IGS Charente Photogravure
Imprimé en Espagne par Estella Print, en juin 2017